Adorare in spirito e verità

La Serie Spada dello Spirito:
1. Preghiera Efficace
2. Conoscere lo Spirito
3. Il Regno di Dio
4. Fede Viva
5. Gloria nella Chiesa
6. Ministrare nello Spirito
7. Conoscere il Padre
8. Raggiungere i Perduti
9. Ascoltare Dio
10. Conoscere il Figlio
11. Salvezza per Grazia
12. Adorare in Spirito e Verità

www.swordofthespirit.co.uk

www.chiesa-roma.com

Copyright © 2014, 2008, 1998 by Colin Dye
Seconda edizione

Kensington Temple
KT Summit House
100 Hanger Lane
London, W5 IEZ

Tutti I diritti riservasti. Nessuna parte di questa pubblicazione può essere riprodotta, memorizzata su sistemi informatici o trasmessa, in alcuna forma o attraverso qualunque mezzo, sia elettronico, meccanico, o per fotocopia, o registrazione, senza il permesso scritto dell'editore.

Le citazioni bibliche provengono dalla Nuova Diodati, 1991
Traduzione di Mila Palozzi
Revision Claudio Ferro

La Spada dello Spirito

Adorare in spirito e verità

Colin Dye

Indice

Introduzione		7
1	La priorità del Padre	11
2	Lode e adorazione	25
3	L'adorazione nell'Antico Testamento	41
4	L'adorazione nei Salmi	59
5	L'adorazione nel Nuovo Testamento	73
6	Il servizio e l'adorazione	91
7	Il donare e l'adorazione	101
8	Gioia e adorazione	117
9	Adorazione e creatività	131
10	Lo Spirito Santo e l'adorazione	147

Introduzione

Esiste oggi, più che in ogni altro momento della storia della chiesa, una grande diversità di modi per adorare il Signore.

Guardando indietro a non più di trent'anni fa, vediamo come il Libro della Preghiera del 1662 fosse il riferimento principale all'interno del culto nella chiesa Anglicana, come il latino fosse la lingua usata nella chiesa Cattolica Romana, e come preghiere e inni si alternassero nel culto delle Chiese Libere. La maggior parte dei culti era guidata da un ministro ufficialmente riconosciuto, aveva un organista il cui ruolo era principale, e non riconosceva alle donne alcun ruolo di guida. Sebbene si potessero trovare innari provenienti da diverse denominazioni, ognuno di essi conteneva inni molto simili tra di loro; poche chiese, infatti, usavano inni o canti più moderni.

Tuttavia, negli ultimi quarant'anni, c'è stata una rivoluzione in tema di adorazione. I culti sono diventati più informali, sono guidati da una molteplicità di persone, la liturgia è di tipo più moderno, nell'adorazione è aumentato il numero degli strumenti musicali e le canzoni moderne hanno affiancato quelle più tradizionali.

Se da un lato questi cambiamenti hanno riflettuto il crescente anti-convenzionalismo che ha caratterizzando la società occidentale degli ultimi decenni, e il cambiamento dei gusti musicali della generazione post-Beatles, dall'altro sono anche stati il genuino risultato dell'opera dello Spirito Santo attraverso il "Rinnovamento Carismatico".

Come conseguenza di questo cambiamento sono iniziati grandi dibattiti, spesso sfociati in un forte disaccordo, circa il ruolo dei doni spirituali, quello delle donne, l'equilibrio tra una liturgia che si ripete ed una spontanea, l'uso della danza e

Adorare in spirito e verità

della recitazione, il significato della cena del Signore, differenti forme di adorazione, stili di musica ammissibili, e così via.

In tutto questo, tuttavia, non è stata data grande attenzione ai principi biblici che costituiscono il fondamento dell'adorazione. Il concentrarsi sulla forma più che sulla sostanza, su dettagli moderni piuttosto che su principi biblici, ha fatto sì che alcune congregazioni ponessero il proverbiale carro davanti ai buoi.

Questo vuole essere, perciò, un libro per quei credenti che hanno desiderio di studiare la Parola di Dio e di imparare cosa veramente sia l'adorazione in spirito e verità; un libro per cristiani che vogliano andare oltre i dibattiti sullo stile o la forma con cui si debba adorare, per comprendere ciò che la Bibbia intenda per adorazione e scoprire quei principi eterni che Dio ha rivelato riguardo al modo in cui desidera che rispondiamo alla sua grazia.

Al fine di aiutare la vostra comprensione su questo argomento è disponibile un ulteriore materiale, che può essere trovato nel *"La Spada dello Spirito – Manuale per Studenti"* e sul sito web *www.swordofthespirit.co.uk*. All'interno del manuale, per ogni capitolo, potrete trovare una guida allo studio integrativa, insieme a delle Domande di discussione e a Brevi quiz. Dopo esservi iscritti a questo modulo sul sito web sarete in grado di accedere a quiz e prove diverse. Potrete anche trovare uno *Strumento Web* (il libro di testo contenente collegamenti ai riferimenti biblici), e un esaustivo insegnamento disponibile sia in formato audio che video. L'uso di questi materiali aggiuntivi vi aiuterà a verificare, memorizzare e applicare ciò che avrete imparato attraverso la lettura di questo libro.

Potrete anche utilizzare il *Manuale dello Studente* all'interno di piccoli gruppi, scegliendo con attenzione le parti più adatte al vostro gruppo. Ciò significa che in alcuni incontri potreste trovarvi a usare tutto il materiale a vostra disposizione, mentre in altri potreste usarne soltanto una piccola parte. Lasciate che sia il buon senso e il discernimento spirituale a guidarvi nella scelta.

Introduzione

Sarà possibile fotocopiare e distribuire questo materiale all'interno del gruppo che vi troverete a guidare.

La mia preghiera è che, arrivati al termine di questo libro, avrete iniziato a comprendere che l'adorazione biblica è molto più di quanto facciamo in chiesa la Domenica, e che il desiderio di Dio è che ogni nostra parola e azione siano motivate da un santo timore e da un amore a lui consacrato.

Ancor più di questo, prego che sarete stati ispirati a porre l'adorazione di Dio al centro delle vostre priorità. Nutrite la vostra mente con la sua verità, accendete la vostra immaginazione con la sua bellezza, concedetevi al suo amore, seguite il suo esempio perfetto, e consacrate risolutamente la vostra volontà ai suoi propositi. Prendete piacere nel Signore ed adoratelo pienamente in spirito e verità.

Colin Dye

Capitolo primo

La priorità del Padre

Il titolo di questo dodicesimo volume della serie *La Spada dello Spirito* è tratto da un singolo verso della Scrittura, più precisamente dalle parole che Gesù rivolse alla donna Samaritana che incontrò nei pressi di un pozzo, nella città di Sichar.

Il capitolo quattro del vangelo di Giovanni descrive l'incontro evangelistico di Gesù con la donna. Nel libro *Raggiungere i Perduti* vediamo proprio il modo in cui stabilì un contatto con lei ponendosi in una posizione di bisogno, come fece crescere la sua curiosità mentre alludeva a qualcosa che fosse molto più soddisfacente di quanto lei stesse vivendo in quel momento, e il modo in cui la mise a confronto con quello che era il problema al centro della sua vita.

Sembra che le parole dette da Gesù l'avessero toccata troppo da vicino; come si legge dal verso venti, infatti, la donna tentò di cambiare il discorso usando un pretesto religioso. I Giudei e i Samaritani avevano delle differenti convinzioni religiose, soprattutto riguardo a quale fosse il posto giusto per adorare il Signore; lei usò proprio questo argomento per fuorviare la conversazione.

Nonostante ciò Gesù non ignorò la sua domanda, e come possiamo leggere nei versi ventuno fino a ventiquattro, le rispose chiarendo risolutamente quale fosse la priorità del Padre riguardo l'adorazione.

Le parole di Gesù alla donna samaritana rivelano quale sia il cuore di Dio verso tutte le persone perdute. Gesù dichiarò che il Padre cerca dei veri adoratori, uomini e donne che adorino il Padre in spirito e verità.

Come possiamo vedere in tutti i volumi di questa serie,

Adorare in spirito e verità

l'adorazione è il risultato di un'iniziativa interamente divina; è la volontà e lo scopo di Dio per le nostre vite. E' Dio colui il quale è alla ricerca di persone che desiderino adorarlo, colui che rivela ai nostri cuori come questa sia la sua volontà per le nostre vite, e colui che ci richiama insieme con questo scopo.

Ciò significa che l'adorazione è sempre e solo la risposta umana ad una iniziativa divina e mai un'azione umana fatta per attirare l'attenzione di Dio. Questo è esattamente ciò che possiamo vedere in molti altri passi di questa serie.

E' Dio che cammina nel giardino dell'Eden in cerca di Adamo ed Eva quando avevano peccato; è Dio colui che offre loro quell'abito di grazia macchiato di sangue; è Dio che parla a Noè, facendo un patto con lui, che protegge la sua famiglia dal giudizio e che lo porta all'adorazione; è Dio che chiama Abramo e che lo conduce nella terra di Canaan; è Dio che guida Israele fuori dall'Egitto, attraversando il Mar Rosso e il deserto per arrivare alla Terra Promessa. Più di ogni altra cosa, è Dio che con la croce di Cristo attira tutti gli uomini a se', come è scritto nel vangelo di Giovanni, 12:32.

La promessa dell'Antico Patto, "Tu sarai il mio popolo ed io sarò il tuo Dio" è il filo conduttore che va dal libro della Genesi all'Apocalisse, mostrando la continua iniziativa da parte di Dio di costruire, ristorare e mantenere un'intima comunione con i suoi figli.

Dio è realmente quel padre che Gesù descrive nella parabola del figliol prodigo che, vedendo il figlio arrivare da lontano, gli corre incontro per accoglierlo in casa sua, con grande gioia e grandi festeggiamenti.

Adorazione - nello spirito
L'adorazione nello "spirito" è sempre la risposta meravigliata ad una personale esperienza dell'amore di Dio, che trabocca dal cuore di una persona solo quando questo è stato toccato dallo Spirito Santo.

Formule e rituali, seppur attentamente definiti e utilizzati, non possono, da soli, produrre in alcun modo un'adorazione

La priorità del Padre

che sia nello spirito. Possiamo, per esempio, cantare canzoni stupende, suonate da musicisti pieni di talento, usare grandi tecniche e i migliori stili musicali, avere un culto che sia ben organizzato e guide piene di saggezza, ma non potremo adorare Dio in spirito fino a che il Padre non ci avrà attirato a se stesso e lo Spirito Santo avrà toccato i nostri cuori.

Il canto, la preghiera, la lode, la danza e la meditazione possono accompagnare la nostra adorazione, ma questa non sarà vera fino a quando i nostri cuori non siano stati attirati da Dio stesso al Padre e siano stati illuminati dall'opera dello Spirito di verità. L'enfasi non è sulle forme esteriori, ma sulla condizione della nostra mente e del nostro cuore nell'adorare Dio.

Questo non è un libro su forme moderne o tecniche contemporanee di adorazione, né tantomeno è un libro a supporto di uno stile particolare, poiché mai è fatto riferimento ad alcuna di queste cose nel Novo Testamento.

E' invece un libro che guarda alla Bibbia per comprendere quale sia il modo in cui il Padre amorevolmente attiri gli uomini a sé e per capire come desideri che noi rispondiamo a questo suo amore.

Adorazione – in verità
In Matteo 4:10, quando Satana lo tentò portandolo sulla cima della montagna, Gesù disse chiaramente chi è colui che dovremmo adorare e servire: l'unico vero Dio, il Dio della Bibbia, il Dio di Abramo e di Isacco, il Dio vivente che Gesù ha perfettamente rivelato.

Esodo 20:3-5 ci mostra come nei primi due comandamenti Dio richieda ad Israele un'adorazione esclusiva. Il primo comandamento ci dice, infatti, chi è l'unico Dio che dovremmo adorare; il secondo, ci rivela il modo in cui quest'adorazione deve essergli offerta. Due sono, inoltre, le condizioni date affinché Dio sia posto al di sopra di ogni altro dio:

- ◆ Niente deve essere onorato o adorato più del vero Dio

Adorare in spirito e verità

◆ Per adorare Dio più di ogni altra cosa dobbiamo conoscerlo

Così come non possiamo adorare Dio in "spirito" senza che prima il suo Spirito abbia toccato i nostri cuori, allo stesso modo non possiamo adorarlo in "verità" senza che prima abbiamo conosciuto la verità riguardo a lui. Adorare Dio nello "spirito" dovrebbe essere una spontanea risposta ad una rivelazione personale della sua opera di creazione e salvezza, e adorare Dio nella "verità" dovrebbe nascere da una conoscenza personale del Padre, del Figlio e dello Spirito, nella pienezza della rivelazione biblica. Un'adorazione in "verità" è un'adorazione che è accompagnata e guidata dalla rivelazione della Parola di Dio, poiché da essa dipende e non soltanto da nostre sincere intenzioni o desideri.

La vera adorazione non si riduce ad una mera esperienza emotiva; è, invece, un'attività che è saldamente e fortemente concentrata sull'unico vero Dio. Se è vero che siamo chiamati ad adorarlo in spirito e verità, allora dobbiamo fare tutto il possibile per conoscerlo più profondamente. Questo significa che dobbiamo continuare a considerare il modo in cui si è rivelato nella storia del popolo di Israele, a meditare su tutti quegli aspetti del suo carattere che ci vengono descritti nella Bibbia, la sua parola, e a contemplare la stupenda rivelazione che di se stesso ha fatto nella persona di Gesù.

Quando arriviamo a comprendere la grande storia della salvezza di Dio, quando meditiamo sull'indissolubilità dei suoi patti, quando ci meravigliamo davanti a colui che è "stato innalzato" per l'umanità, quando arriviamo ad apprezzare quanto infinite siano la sua grazia e la sua misericordia, allora non possiamo fare altro che iniziare ad adorarlo in spirito e verità.

Adorazione – la prima delle nostre priorità
In Marco 12:28-34, Gesù raccoglie tutti i comandamenti di Dio in soli due, affermando che il più importante di essi è amare il Signore, l'unico Dio, con ogni parte del nostro essere. Se Dio

La priorità del Padre

è veramente il "Signore" delle nostre vite, allora adorarlo deve essere la nostra assoluta priorità.

Gesù continua affermando che il secondo più importante comandamento per le nostre vite è quello di servire gli altri con lo stesso amore che abbiamo verso noi stessi. Questo definisce due principi fondamentali:

- ◆ Dio stabilisce uno stretto legame tra l'adorazione di Dio e il servire gli altri
- ◆ L'adorazione di Dio viene prima del servire gli altri

Secondo quanto affermato da Gesù, l'adorazione è lo scopo principale di Dio per l'umanità: egli ci ha inizialmente creato per adorarlo e per prendere piacere nella sua comunione, e ci ha anche redento perché potessimo offrirgli quest'adorazione e gustare di questa comunione con lui. Il servizio, tutto ciò che facciamo per lui, scaturisce dall'adorazione, e su di essa si fonda, ma mai potrà sostituirla. Dobbiamo fare attenzione affinché le buone opere che compiano non diventino un antagonista della nostra adorazione verso di lui.

Nell'Antico Testamento i sacerdoti e i Leviti erano scelti per essere consacrati a Dio, e il servizio che gli offrivano veniva prima di ogni altra loro attività. La visione escatologica del "nuovo tempio" avuta dal profeta Ezechiele mostra come questo sia lo stesso principio che troviamo applicato alla fine dei tempi. Ezechiele 44:15 profetizza, infatti, che i sacerdoti saranno anche allora chiamati ad avvicinarsi a Dio e ad offrirgli il loro servizio individualmente.

Ciò significa che dobbiamo fare attenzione che la nostra dedizione a servire gli altri, a prendersi cura dei loro bisogni, non arrivi mai al punto di sostituire la nostra lode e adorazione al Signore.

Adorazione – attraverso la confessione

Ogni volta che ci avviciniamo a Dio e che consideriamo i suoi disegni, siamo inevitabilmente spinti, prima di ogni altra cosa, da una necessità di confessione. Come ci insegna Isaia 6:5,

Adorare in spirito e verità

solo quando ci concentriamo sull'assoluta santità di Dio siamo in grado di comprendere la verità sulla nostra condizione di peccato, solo quando riconosciamo la sua fedeltà siamo in grado di ammettere la verità sulla nostra incostanza, solo quando contempliamo la sua grazia siamo in grado di vedere la verità sulla nostra colpevolezza.

Naturalmente adoriamo il Signore non solo per chi lui è, ma anche per ciò che lui ha fatto e che sta facendo nelle nostre vite. Il Dio della Bibbia è il Dio che interviene nella storia e nella vita degli uomini. È il Dio vivente che parla, che salva, che guarisce, che libera, che giudica, che conquista e che perdona.

Egli è il Dio che agisce, ma anche il Dio che è; il Dio che incide la sua bontà, fedeltà, giustizia, amore, sapienza, pazienza e misericordia nelle sue grandi opere attraverso tutta la Bibbia, e nelle nostre vite. Ogni volta che consideriamo le grandi opere di Dio (la sua misericordia di cui parla Romani 12:1) dovremmo essere spinti ad adorarlo in spirito e verità.

Adorazione – con sincerità
Una vera adorazione può solo provenire da un cuore sincero. Alcuni passi della Scrittura, come i Salmi 24:4, 50:8-23, 51:16-19, i Proverbi 15:8; 21:27, Isaia 1:11-20, 29:13, 58:1-14, 66:1-4, Geremia 6:20, 7:21-28, Osea 8:11-13, Amos 5:21-24, Michea 6:6-8 e Matteo 15:7-8 rivelano chiaramente l'avversione di Dio verso ogni minima forma di ipocrisia religiosa.

Ciò che il Signore cerca, invece, nella vita dei suoi adoratori, è una purezza di cuore, non una forma d'apparenza, dei gesti che siano veri e autentici, non falsi e formali. Attraverso i Salmi il Signore invita il suo popolo ad avvicinarsi a lui con un cuore puro e con mani sante, con un cuore rotto ed uno spirito contrito. La lettera agli Ebrei 10:19-22 ci dice che ciò è possibile solo attraverso il sangue di Gesù Cristo – come studiamo più approfonditamente nel libro *Salvezza per Grazia*.

Al capitolo 10 ci concentreremo sul contenuto di Filippesi 3:3, ma è importante che fin da ora riconosciamo che un'adorazione vera, che piaccia a Dio, può provenire

La priorità del Padre

unicamente dalla nostra dipendenza dallo Spirito Santo e non da alcuna forma di fiducia in noi stessi.

Adorazione – con aspettazione
Poiché è sempre la grazia di Dio a guidare il cuore dell'uomo all'adorazione, possiamo aspettarci di sperimentare la realtà della sua presenza ogni volta che lo adoriamo in spirito e verità.

Al capitolo 3 e 5 vedremo come il popolo di Dio, sia nell'Antico che nel Nuovo Testamento, fosse consapevole che ogni volta che si riuniva insieme per adorare il Signore avrebbe sperimentato la presenza di Dio. Erano certi che avrebbero sentito il suo tocco amorevole e ascoltato le sue sante parole perché si erano riuniti per adorare *in risposta alla sua chiamata*.

Ogni volta che Mosè entrava nel tabernacolo sapeva di esser stato chiamato ad incontrare il Dio onnipotente e onnisciente, il Dio che opera miracoli; sapeva che la presenza di Dio sarebbe stata così grande da far sì che sul suo volto risplendesse la gloria divina.

Nelle generazioni successive a Mosè, quando nel giorno della festa annuale dell'espiazione i sommi sacerdoti entravano nel luogo santissimo, essi passavano attraverso la cortina del tempio con santo timore, poiché sapevano di entrare alla presenza del Dio santissimo.

Anche i primi credenti della chiesa primitiva avevano le stesse aspettative. Ogni volta che si riunivano per adorare il Signore erano ripieni di un santo timore, perché avevano visto come alcuni di loro, entrati alla presenza di Dio, morirono improvvisamente, come altri furono risuscitati, e come la sua presenza fece tremare per due volte gli edifici dove erano riuniti.

Quando si incontravano per adorare insieme, sapevano che anche loro, proprio come Mosè e i sommi sacerdoti, stavano entrando nel luogo santissimo; la cortina che divideva il tempio, infatti, era stata strappata con la morte di Gesù, lasciando aperta l'entrata alla vera presenza di Dio. I primi credenti sapevano che sarebbero entrati in quella che era una

Adorare in spirito e verità

temibile ma al tempo stesso amorevole presenza, e per questo erano sicuri che qualcosa di straordinario sarebbe ancora una volta accaduto!

Adorazione – la nostra relazione
Come vedremo al capitolo 8, chiamandoci ad adorarlo Dio ci chiama a gustare la comunione con lui, a gioire della sua presenza, ad unirci insieme al Padre, al Figlio e allo Spirito Santo in quell'eterno rapporto di comunione che esiste tra di loro.

Questo significa che lo scopo della nostra adorazione è sempre quello di entrare alla presenza del Dio trino, che la nostra chiamata all'adorazione è sempre una chiamata ad una più profonda relazione con Dio, e che l'adorazione è il frutto di questa relazione che è stata redenta.

Nell'Antico Testamento, come poi vedremo al capitolo 4, il luogo assegnato alla vera adorazione era il luogo santissimo, che si trovava all'interno del tabernacolo e del tempio, oltre la cortina, luogo della tangibile presenza di Dio sulla terra. Al capitolo 5 vedremo come il Nuovo Testamento usi queste stesse immagini per sottolineare che oggi, sia individualmente che collettivamente, i credenti sono diventati i tabernacoli e i tempi dello Spirito di Dio, messi da parte per l'adorazione.

Il Padre desidera avere comunione con noi e ricevere la nostra adorazione. Questo è il motivo per cui ci ha creati e ci ha redenti. L'adorazione intesa come "relazione" ha un ruolo centrale nella nostra identità di "figli di Dio". L'adorazione, infatti, riconosce chi lui è e come ci ha creato, e rappresenta una parte essenziale della nostra relazione con lui. Quando riconosciamo Dio nella sua piena identità e gli offriamo l'adorazione dovuta al suo nome, cresciamo in quella relazione che abbiamo con lui.

Tuttavia, non adoriamo Dio perché aspiriamo a ottenere qualcosa da lui; piuttosto, adoriamo Dio perché vogliamo benedirlo.

Egli desidera avere comunione con noi – perciò ci ha creato

La priorità del Padre

e redento – e gioisce profondamente ogni volta che andiamo alla sua presenza e parliamo con lui.

Il più grande desiderio di Dio è proprio quello di stabilire questa comunione, entrando pienamente l'uno nella presenza dell'altro, e costruendo con lui una duratura relazione, dalla quale provenga un'adorazione in spirito e verità.

La guida dell'adorazione

Se è vero che la vera adorazione è essenzialmente la risposta umana ad un'iniziativa divina, allora è altrettanto vero che un'adorazione in spirito e verità è sempre diretta e guidata da Dio.

Quando Mosè implorò il Faraone di lasciare che il popolo di Israele andasse per qualche giorno nel deserto per adorare Dio, in sostanza, egli stava dicendo al Faraone che non avrebbero saputo che tipo di adorazione offrire al Signore fino a che non si fossero recati sul luogo che Dio aveva loro assegnato perché l'adorassero.

Esodo 10:24-26 stabilisce un principio biblico molto importante, e cioè che se il popolo di Dio vuole davvero onorarlo adorandolo, allora deve lasciare che sia lui a guidare personalmente la loro adorazione.

Questo significa che per noi cristiani la vera adorazione ha un'unica guida, che è Dio, in Cristo Gesù, attraverso lo Spirito Santo.

Gli uomini agiscono semplicemente sotto l'autorità del Signore, e sono chiamati a far sì che chi diriga l'adorazione sia il Signore e non le proprie idee o le proprie preferenze.

Quando Dio chiama e riunisce il suo popolo per adorarlo, egli è presente in mezzo a loro. Non come un controllore che giudichi se la loro adorazione sia all'altezza delle sue aspettative, ma come colui che desideri prendere parte all'adorazione attraverso il suo Spirito. Proprio attraverso il suo Spirito egli parla ai cuori di uomini e donne mentre lo adorano e a loro si rivela con la sua presenza. Ogni volta che i credenti accettano il suo invito ad adorarlo in spirito e verità egli è

Adorare in spirito e verità

presente fra loro per insegnare, per guidare, per correggere e confortare.

Durante l'adorazione possiamo non soltanto conoscere Dio concettualmente, attraverso le Scritture, ma possiamo anche sperimentare la sua presenza attraverso gli innumerevoli modi in cui rivela se stesso ai nostri cuori. Nel capitolo 3 vedremo come al tempo dell'Antico Testamento il Signore rivelasse la sua gloria proprio durante l'adorazione. Nel libro *Gloria nella Chiesa* osserviamo come ancora oggi il Signore desideri rivelare se stesso al mondo intero attraverso la sua Chiesa – argomento approfondito nei capitoli 6, 7 e 8.

Ciò significa che quando adoriamo non stiamo soltanto innalzando Gesù come nostro Signore e Salvatore, ma anche come nostro Profeta, come nostro Sacerdote e Re.

Durante l'adorazione, attraverso lo Spirito Santo, Gesù è presente in mezzo a noi per insegnarci cosa sia la giustizia di Dio, per nutrirci e santificarci con la sua parola di vita, e per donarci il suo potere e la sua forza di fare ciò che è giusto.

In tutta la serie La Spada dello Spirito possiamo osservare come Dio agisca sempre in modo coerente al suo carattere, mai contraddicendo se stesso e la sua natura. Questo significa che quando è presente tra noi durante l'adorazione egli è presente nella pienezza di chi lui è.

Conseguentemente, ogni volta che accettiamo il suo invito ad adorarlo, dovremmo farlo aspettandoci di sperimentare il suo amore e la sua grazia, la sua verità e la sua misericordia, il suo conforto e la sua potenza, la sua libertà ed il suo autocontrollo, la sua guarigione e la sua umiltà ecc.

Poiché Dio stesso è con noi quando lo adoriamo, egli è presente in mezzo a noi in tutta la sua potenza, il suo amore, la sua grazia e la sua verità. Inoltre, dal momento che è lui a guidare la nostra adorazione, allora dovremmo aspettarci che ogni aspetto del suo carattere sia rivelato durante questo tempo.

Questo ci dovrebbe suggerire che ogni volta che ci riuniamo insieme per adorare il Signore in spirito e verità, dovremmo considerare come normale, e non come un evento eccezionale in mezzo a noi, la manifestazione della sua grazia e della sua potenza, di guarigioni del corpo e della mente, dei doni della grazia e dell'umiltà.

Dio è colui che decide
Il principio biblico secondo cui "il popolo di Dio deve lasciare che sia Dio a guidare la sua adorazione se davvero desidera lodarlo" significa che soltanto il Signore è colui al quale va data l'autorità di decidere e scegliere quali uomini e quali donne, quali abilità naturali e doni spirituali usare durante il culto.

I vari servizi che vengono svolti durante le riunioni di culto, come la predicazione, la profezia, il canto, le offerte, il sistemare i fiori, leggere le Scritture, suonare uno strumento, spolverare le sedie, raccogliere gli innari, salutare i visitatori, e così via, sono possibili solo se le persone che li svolgono sono state personalmente chiamate a farlo da parte di colui che è la vera guida della nostra adorazione. Se questo è vero allora possiamo esser certi che non ci sarà, in quello che facciamo, alcun tentativo di promuovere noi stessi o la propria reputazione. Se offriamo a Dio un'adorazione in spirito e verità l'unico ad essere glorificato è il Dio Santo.

Tutto ciò che accade durante le riunioni di culto dovrebbe mostrare chiaramente come Dio sia colui che da' inizio, ma anche colui che guida la nostra adorazione:

- ◆ Ogni dono spirituale che si manifesta dovrebbe rivelare che è Cristo a guidare l'incontro, e che è lui ad elargire questi doni secondo il suo volere, e nei momenti, nei modi e attraverso le persone che lui sceglie

- ◆ Ogni parola pronunciata durante l'incontro dovrebbe portare la vera vita di Dio nell'adorazione, ed essere un incoraggiamento per gli adoratori, poiché data dall'impulso dello Spirito che vivifica

- ◆ Ogni gesto di servizio dovrebbe portare l'amore

Adorare in spirito e verità

e l'umiltà di Dio all'interno dell'adorazione, poiché proveniente direttamente dall'umile Spirito di Dio

◆ Ogni miracolo che accade dovrebbe produrre un senso di stupore e tremore negli adoratori, perché parla unicamente della compassione e della misericordia di Dio, e non di artefatti e tecniche umane per glorificare se stessi

La nostra risposta

Nell'Antico Testamento, come vedremo al capitolo 3, la ragione per cui il popolo di Dio si radunava in adorazione davanti a lui non era unicamente per lodarlo e venerarlo, ma anche per essere purificato e trasformato. Il popolo di Dio sapeva che era impossibile entrare alla presenza del Dio Onnipotente senza esserne cambiati. Infatti, è difficile affermare di avere adorato il Signore in spirito e verità se in realtà non si è stati cambiati e toccati dalla sua presenza durante l'adorazione.

Così come una vera adorazione inizia da una santa attesa, allo stesso modo termina con una santa obbedienza. L'adorazione, infatti, non è un modo per scappare dalle difficoltà del mondo in cui viviamo, ma è un confrontarsi con la chiamata di Dio che ci chiede di servirlo proprio nel nostro mondo. Come vediamo nel passo del profeta Isaia 6:8, proprio quando adoriamo Dio e siamo lavati e trasformati dalla sua presenza i nostri occhi sono aperti per riconoscere la necessità di rispondere alla sua chiamata e di servirlo con ubbidienza.

Abbiamo visto in precedenza come adorare il Signore debba essere la prima delle nostre priorità; è altresì vero, tuttavia, che la naturale conseguenza di questo dovrebbe essere il servire gli altri. Inoltre, un'autentica adorazione ci porta in una dimensione spirituale e ci apre a quelle realtà che appartengono al mondo invisibile. Quando adoriamo in spirito e verità siamo spinti ad appropriarci, in ogni ambito della nostra vita, di quella gloriosa vittoria che Cristo ha avuto su ogni potenza demoniaca.

La priorità del Padre

Questo ci suggerisce che ogni volta che adoriamo con cuore sincero si verifica una naturale progressione spirituale:

- ◆ Attraverso il suo Spirito Dio ci chiama ad adorarlo
- ◆ Noi rispondiamo al suo invito
- ◆ Durante l'adorazione entriamo alla sua presenza
- ◆ Seguiamo la sua guida e la sua direzione per come adorarlo
- ◆ Durante l'adorazione siamo cambiati dalla sua presenza
- ◆ Durante l'adorazione riceviamo le sue istruzioni su come servirlo, e siamo equipaggiati per farlo

Dall'adorare Dio passiamo all'amarlo, al servire gli altri e all'appropriarci della vittoria di Cristo.

Concentrandosi su Dio
Se è vero che l'adorazione è la nostra risposta ad un invito di Dio, allora è vero che dovremmo essere capaci di "ascoltare" la sua chiamata per poter essere in grado di rispondere. Il libro Ascoltare Dio tratta proprio di questo argomento, analizzando quali siano i modi che Dio usa per comunicare con il suo popolo, per poi comprendere come possiamo imparare oggi a riconoscere il modo in cui egli ci "parli".

Una volta che abbiamo "ascoltato" o "avvertito" l'invito di Dio ad adorarlo, siamo chiamati per rivolgere a lui tutta la nostra attenzione. Questo significa sospendere tutte le nostre attività per concentrarsi unicamente su di lui.

Molti credenti confinano questa "interruzione" e "concentrazione sul Signore" solamente a pochi minuti prima dell'inizio del culto; ma questo "fermarsi e concentrarsi" dovrebbe, in realtà, esser sempre parte della loro vita. Proprio come vediamo nel libro Ascoltare Dio, siamo chiamati a sviluppare una vita di ascolto continuo, così che tutto ciò che diciamo e facciamo possa sempre provenire dal Signore.

Adorare in spirito e verità

Se affrontiamo la vita di tutti giorni basandoci solo sulle nostre forze e sulla nostra saggezza, allora tenderemo a fare lo stesso ogni volta che ci raduniamo insieme per adorare il Signore. Se invece siamo pronti ad ascoltare gli incoraggiamenti che Dio ci da' in ogni situazione, a casa come a lavoro, mentre ci muoviamo e mentre riposiamo, quando siamo con i nostri amici e quando con le nostre famiglie, allora avremo sicuramente la stessa sensibilità alla sua voce e alla sua presenza anche quando ci ritroveremo insieme con altri credenti per adorarlo.

Lodare Dio
Come vedremo nei capitoli dal 2 al 5, Dio ha sempre attirato il suo popolo all'adorazione incoraggiandolo a lodarlo sia per chi lui è, sia per le grandi opere che compie.

Per esempio il libro dei Salmi, nell'Antico Testamento, invita ripetutamente il popolo di Dio a lodarlo, e sia Ebrei 13:15 che 1 Pietro 2:5-9, nel Nuovo Testamento, insegnano al popolo di Dio ad offrirgli un sacrificio di lode e a dichiarare le sue opere meravigliose – come vedremo al capitolo 8.

Non soltanto la lode è importante perché proclama la grandezza di Dio, ma anche perché coinvolge le nostre emozioni e i nostri sentimenti. La vera adorazione comprende sempre ogni parte della nostra personalità; essa include la nostra mente, le nostre emozioni, il nostro corpo e la nostra volontà; circonda le nostre parole, i nostri comportamenti, il nostro stile di vita – tutto ciò che siamo e che abbiamo.

Come Dio ci invita con ogni parte di sé, con ogni aspetto del suo carattere divino, allo stesso modo ci chiede di rispondere alla sua chiamata con tutto noi stessi, con ogni parte della nostra vita redenta. Siamo invitati ad andare a lui offrendoci completamente sull'altare dell'adorazione. La vera adorazione non può essere meno di tutto questo, né può esserlo il piano di Dio. E' per amore del suo nome e per amor nostro che egli ci chiama ad adorarlo in spirito e verità.

Capitolo secondo

Lode e adorazione

Alcuni credenti usano la parola "adorazione" senza realmente capirne il significato. Di solito la associano a quanto avviene durante il culto, piuttosto che al significato che la bibbia ci da' di essa. Per questa ragione, molti di loro ritengono che l'adorazione sia ciò che fanno durante il culto domenicale, pensando, perciò, che tutto ciò che fanno in quell'occasione debba necessariamente essere adorazione.

Come conseguenza, un gruppo di credenti la assocerà, per esempio, ad una forma di vivace spontaneità, mentre altri a delle liturgie più silenziose e riverenti. Se, tuttavia, vogliamo comprendere quale sia il significato biblico di quando Dio ci invita ad adorarlo, allora dobbiamo andare oltre i moderni dibattiti circa le differenti forme di adorazione per esaminare ciò che le Scritture realmente intendano.

Ci sarà d'aiuto, innanzitutto, iniziare con il considerare il significato della parola "adorazione". Nella lingua inglese, la parola originariamente usata era weorthscipe, che significa "valore". Questo suggerisce il significato di onorare ciò che è degno di essere onorato. Tuttavia, la stessa parola inglese si mostra piuttosto limitata a cogliere il ben più profondo significato che la scrittura da' alla parola adorazione.

La Bibbia usa una molteplicità di parole, sia in greco che in ebraico, per definire e descrivere quella che noi oggi chiamiamo "adorazione", ma il contesto nel quale essenzialmente si collocano, sia nell'Antico che nel Nuovo Testamento, è sempre quello di "un servizio operoso". Nelle Scritture, la parola adorazione è prevalentemente tradotta dalla parola ebraica abodah e dalla parola greca latreia, che nel loro significato originario si riferivano al lavoro svolto dagli schiavi o dai servi.

Adorare in spirito e verità

Il servizio

Oggi la maggior parte delle persone ritiene che ci sia una notevole differenza tra il significato di "adorazione" e quello di "servizio" (anche se tutti parlano comunemente di "servizio d'adorazione").

Credono che "adorazione" significhi dedicarsi a una serie di attività spirituali come il cantare e pregare, mentre "servizio" significhi compiere azioni di tipo pratico, come pulire i pavimenti, sistemare le sedie della propria chiesa, e tanti altri esempi di questo genere.

Tuttavia, la Bibbia non fa questo tipo di distinzione. Da quello che le Scritture affermano, comprendiamo che la nostra adorazione è il nostro servizio a Dio; il modo in cui lo serviamo è il modo in cui lo adoriamo.

Abodah

Il sostantivo ebraico abodah è tradotto in alcune versioni inglesi della Bibbia come "opere", in altre come "adorazione", e nella maggior parte come "servizio". La stessa cosa accade con il verbo *abad*, che è tradotto come "operare", come "adorare", o infine come "servire".

I riferimenti che troviamo in Genesi 14:4, 15:13-14, 25:23, 29:15-30 e Esodo 1:14, riguardo la parola *abodah*, mostrano come il suo significato originario si riferisse al lavoro affidato agli schiavi o ai servi.

Ogni volta che le Scritture usano *abad* o *abodah* in riferimento ad una persona piuttosto che a Dio, il loro significato si riferisce sempre ad un atteggiamento servile oppure ad un'azione di servizio; è possibile vedere questo, per esempio, in Esodo 21:2, Geremia 40:9 e Ezechiele 48:18-19.

Nell'Antico Testamento, tuttavia, *abad* e *abodah* sono quasi sempre usati o per descrivere il giusto servizio che Israele offriva al Signore, oppure quello che disobbedientemente offriva a falsi dei.

E' importante che alla base della nostra comprensione dell'"adorazione in spirito e verità" ci sia il riconoscimento di

Lode e adorazione

come l'adorazione biblica comprenda sia delle *azioni pratiche*, sia delle *attività spirituali*. Per esempio, l'Antico Testamento usa le diverse forme del verbo *abodah*:

- ◆ Per invitare il popolo di Dio a servirlo e ad adorarlo – Esodo 3:12, 7:16, 8:1,20, 9:1,13, 23:25, Deuteronomio 10:12, 11:13, Giosuè 24:14-16, Salmi 2:11, 100:2, Geremia 30:9, Sofonia 3:9

- ◆ Per dissuadere il popolo di Dio dal servire e adorare falsi dei – Deuteronomio 7:16, 28:14, Geremia 25:6 e 35:15

- ◆ Per descrivere tutte quelle azioni e quelle opere che contribuiscono al servizio e all'adorazione di Dio – Esodo 36:1-5, Numeri 3:7-8, 4:23-28, 47-49, 7:6-9, 1 Cronache 28:20-21 e 2 Cronache 24:12

- ◆ Per indicare quelle attività spirituali che costituiscono il servizio e l'adorazione di Dio – Numeri 8:11, 19-26; 18:6-7 e 1 Cronache 23:24-32

- ◆ Per descrivere quelle attività musicali al servizio e per l'adorazione di Dio – 1 Cronache 25:1-8

- ◆ Per indicare specifiche cerimonie religiose – Esodo 12:25-26 e 2 Cronache 35:1-19.

L'ampiezza del significato di tutte quelle parole che derivano dalla parola abodah si restringe, diventando particolarmente chiara, nel testo di 2 Cronache 35. In questo capitolo si parla della celebrazione di una Pasqua che si svolse a Gerusalemme durante il regno del Re Giosia.

I versetti 2-3 ci dicono come il re Giosia incoraggiò sia i sacerdoti a svolgere i loro doveri sacerdotali, sia i Leviti a compiere il loro servizio verso Dio e verso il popolo.

I versetti 4-14 descrivono la preparazione richiesta sia ai Leviti che al popolo per offrire il servizio a Dio.

I versetti 15-16 mostrano come sia i cantori che i guardiani (quelli che oggi chiameremmo i nostri amministratori) fossero

Adorare in spirito e verità

ritenuti parte del servizio di adorazione tanto quanto i sacerdoti ed i Leviti.

Questo mostra, da un lato, che un'accurata preparazione ad un servizio di adorazione al Signore deve essere considerata vera e propria adorazione tanto quanto il servizio stesso; dall'altro, che le attività dei "guardiani", così come le generose offerte del "popolo laico" devono ritenersi adorazione tanto quanto il contributo musicale dato dai "cantori" e le varie attività spirituali compiute dai "sacerdoti e dai Leviti".

Latreia
Latreia, "servizio", e *latreuo*, "servire", sono le parole greche che equivalgono a quelle ebraiche di abodah e abad. Come già detto in precedenza, il loro significato originario si riferisce al lavoro di uno schiavo o di un servo, ma nel Nuovo Testamento sono nella gran parte dei casi usate per definire ed esprimere l'adorazione e il servizio offerto a Dio.

Queste parole sono, per esempio, usate in Matteo 4:10, in Luca 1:74, 2:37, 4:8, in Atti 7:7, 24:14, 26:7, 27:23, in Romani 1:9, 9:4, 12:1, in Filippesi 3:3, in 2 Timoteo 1:3, in Ebrei 8:5, 9:1,6,14, 10:2, 12:28, e in Apocalisse 7:15 e 22:3.

Da un'attenta lettura di questi passi possiamo osservare come nelle Scritture venga usata un'unica parola per descrivere tanto l'adorazione offerta all'interno del tabernacolo, del tempio, nel cielo, ecc., quanto per descrivere un "servizio" o delle "opere" svolte nella la vita di tutti i giorni.

L'uso di *latreia* in Romani 12:1 racchiude entrambi i significati: siamo, infatti, chiamati a presentare i nostri corpi come sacrificio vivente davanti a Dio in ogni cosa che facciamo. Non esiste qui alcuna distinzione tra le cosiddette attività "secolari" e quelle "spirituali" – il nostro lavoro è la nostra adorazione, e la nostra adorazione è il nostro lavoro.

Leitourgia – tradotta come "ministero", "servizio" o "liturgia" – è una delle altre parole che è utile considerare. Non è etimologicamente legata a *latreia*, anche se ne condivide parte del significato. Nel Nuovo Testamento è usata in Luca

Lode e adorazione

1:23, in 2 Corinzi 9:12, in Filippesi 2:17,30, in Ebrei 8:6, 9:21 e 10:11. *Leitourgia* è una parola che nella vita di tutti i giorni si riferisce a un servizio offerto alla comunità o allo stato, spesso senza ricevere alcuna remunerazione. Ancora una volta ciò sembrerebbe suggerire che l'adorazione ed il servizio cristiani sono essenzialmente un'unica cosa.

Questo ci ricorda che l'adorazione, in senso biblico, comprende e abbraccia ogni singolo aspetto della nostra vita, ed è la ragione per cui la visione cristiana del mondo non può condividere la divisione del "sacro" e del "mondano"; una Cristianità, cioè, fatta a scompartimenti, dove la vita si divide in settori diversi (per esempio "la vita sociale", "la vita cristiana", "la vita in famiglia", "la vita lavorativa", ecc.), e dove la signoria di Cristo sarebbe unicamente riservata a quelle aree della vita che identifichiamo come "sacre". La verità è, invece, che Gesù Cristo è il Signore di ogni cosa, e che, come Paolo ci ricorda in 1 Corinzi 10:31, qualunque cosa facciamo, siamo chiamati a farla "alla gloria di Dio".

Inchinarsi

Se le parole che derivano da abodah e *latreia* sottolineano la relazione tra adorazione e servizio, la parole che derivano da shachah e *proskuneo* evidenziano che l'essenza dell'adorazione e, quindi del servizio, è quella di inchinarsi davanti a Dio.

La parola ebraica shachah e quella greca proskuneo sono normalmente tradotte come "adorazione", ed entrambe mostrano come i servi del Signore debbano avere quell'atteggiamento di chi si inchina davanti a lui se desiderano offrirgli l'adorazione di cui è degno.

Shachah significa letteralmente "prostrarsi", e *proskuneo* significa "prostrarsi con riverenza". Insieme mostrano come la nostra adorazione verso il Signore dovrebbe scaturire da un timore reverenziale e da una meraviglia che ci porti all'adorazione verso di lui.

Queste parole mettono in risalto come Dio non cerchi principalmente nell'uomo dei gesti esteriori come quello della

Adorare in spirito e verità

preghiera, della lode, del canto, o del servizio in generale, ma come egli cerchi, invece, quelle disposizioni interiori che mostrino verso d lui un timore reverenziale e un amore che lo adori. Anche se è giusto cercare di comprendere come contestualizzare il nostro culto nella cultura in cui viviamo, le tante discussioni e i disaccordi che ne derivano sulle diverse forme di adorazione ci allontanano fortemente da quella che è la vera chiamata di Dio per le nostre vite.

La conversazione di Gesù con la donna Samaritana, nel vangelo di Giovanni 4:1-24, mostra come gli aspetti esteriori dell'adorazione non ne costituiscano la sua essenza. Proskuneo è usato 7 volte in Giovanni 4:20-24 per mettere l'accento sul fatto che Dio è più interessato a trovare quella disposizione interiore a "prostrarsi con riverenza", piuttosto che al luogo e alla forma con cui l'adorazione debba avvenire.

Shachah
Shachah è una parola spesso usata nell'Antico Testamento nel suo significato letterale, per indicare che il popolo di Dio si prostrava fisicamente quando si radunava alla sua presenza: o chinando i loro capi, o inginocchiandosi, oppure prostrandosi con la faccia a terra. Possiamo vedere degli esempi di questo in Genesi 24:26, 48, in Esodo 4:31, 12:27, 34:8, in 1 Cronache 29:20, in 2Cronache 20:18, 29:30, in Neemia 8:6, in Giobbe 1:20 e nel Salmo 95:6.

Tuttavia, shachah è più spesso usata per mostrare che il popolo di Dio era chiamato ad avere un atteggiamento interiore di timore reverenziale e di amore sincero quando si radunavano davanti al Signore. Lo vediamo, ad esempio, in Genesi 22:5, Esodo 24:1, Deuteronomio 26:10, 1 Samuele 1:28, 1 Cronache 16.29, Neemia 9:3, Salmi 96:9 e 99:5.

Poiché shachah si riferisce essenzialmente ad una disposizione interiore, nell'Antico Testamento è di solito usata in combinazione con un altro verbo che descrive l'azione che l'accompagna. Per esempio:

Lode e adorazione

- *Inchinarsi* e adorare – Genesi 24:26, 48 e Esodo 4:31
- *Sacrificio* e adorazione – Esodo 32:8; 1 Samuele 1:3 e 2 Re 17.36
- *Servizio* e adorazione – Deuteronomio 8:19
- *Lode* e adorazione – 2 Cronache 7:3 e Salmi 66:4
- *Confessione* e adorazione – Neemia 9:3
- *Mangiare* e adorare – Salmo 22.29

Il continuo collegamento biblico tra shachah e, per esempio, la lode, il servizio e il sacrificio, dimostra l'importanza dell'atteggiamento interiore dal quale ognuno di questi debba scaturire.

Una lode che non provenga da riverenza e amore è una lode che non è gradita a Dio. Un servizio che non sia motivato da stupore e meraviglia non è un servizio che possa piacere a Dio. Un sacrificio che non derivi da timore e devozione non è gradito a Dio – e così via.

Proskuneo
Accade la stessa cosa nel Nuovo Testamento con il verbo proskuneo, "prostrarsi con riverenza". A volte questa parola è usata letteralmente per descrivere un'azione fisica che esprima un timore reverenziale e un amore devoto; ad esempio, Matteo 2:11, 4:9, 28:9, Marco 15:19, Atti 10:25, 1 Corinzi 14:25, Apocalisse 7:11, 11:16, 19:4, 10 e 22:8.

Di solito, tuttavia, *proskuneo* è usato per descrivere un atteggiamento interiore di riverenza e adorazione. Possiamo, per esempio, vederne l'uso in Matteo 8:2, 9:18, 14:33, 15:25, 18:26, in Marco 5:6, in Giovanni 4:22-24, 9:38, in Atti 24:11 e in Apocalisse 4:10.

Altri tipi di parole
Nella maggior parte delle versioni inglesi del Nuovo Testamento ci sono altre tre parole greche che vengono tradotte con il termine "adorazione":

Adorare in spirito e verità

- *Sebomai*, che significa "riverire", ed è usato in Matteo 15:9, in Marco 7:7, in Atti 16:14, 18:7, 13 e 19:27
- *Sebazomai*, che significa "venerare", ed è usato in Romani 1:25
- *Eusebeo*, che significa "essere riverente", ed è usato in Atti 17:23. E anche usato in 1 Timoteo 5:4 in riferimento ai figli che "mostrano rispetto, devozione" alle proprie famiglie

Così come abbiamo visto con il verbo proskuneo, anche questi altri tre verbi mettono in risalto una disposizione interiore di adorazione o devozione, piuttosto che un gesto esteriore.

Finora abbiamo potuto considerare come la Bibbia spesso usi la parola "adorazione", senza, però, mai darne una definizione. Tuttavia, sia le parole ebraiche sia quelle greche usate per esprimere "adorazione" suggeriscono che essa sia un'azione di servizio proveniente da un atteggiamento di timore reverenziale e di amore sincero.

Possiamo, perciò, affermare che l'adorazione è un diretto riconoscimento fatto a Dio, della sua natura, delle sue qualità, delle sue vie e delle sue parole; un riconoscimento che è sia sentito interiormente, sia espresso esteriormente, attraverso delle azioni di tipo spirituale e pratico.

La lode

La Bibbia non usa soltanto molte parole greche ed ebraiche per darci un quadro completo di quella che è l'adorazione nelle Scritture, ma usa anche un'altrettanta varietà di parole quando si riferisce al "lodare", un'altra azione dalle molte sfaccettature.

Così come abbiamo bisogno di ampliare la nostra attuale comprensione dell'adorazione per associarla sia al servizio pratico che ad una disposizione interiore, allo stesso modo abbiamo bisogno di riconoscere che la lode è qualcosa di più che semplicemente cantare canzoni su Dio.

Nell'Antico Testamento, "lode" di solito indica un atto di omaggio o di adorazione offerto a Dio dalle sue creature –

Lode e adorazione

generalmente, ma non sempre, da uomini e donne. Tutte le diverse parole ebraiche che sono tradotte con "lode" si riferiscono a particolari tipi di adorazione; il significato che diamo alla lode deve essere in grado di comprenderli tutti.

Halal
Halal è il verbo ebraico più tradotto con "lodare" e significa sostanzialmente "gridare di gioia". Sembra che *halal* fosse originariamente usato per indicare il lamento di dolore che si elevava alla morte di un sacrificio, e che in seguito sia stato usato per descrivere il grido di gioia innalzato al momento dell'accettazione del sacrificio da parte di Dio.

L'essenza del significato di *halal* è quella di emettere un forte grido, ed è usato nell'Antico Testamento per descrivere la lode di – o la lode verso:

- ◆ Un uomo o una donna – Genesi 12:15, Proverbi 27:2, 28:4, 31:28, 30-31 e 2 Samuele 14:25
- ◆ Falsi dei – Giudici 16:24
- ◆ Dio – 1 Cronache 16.36; 2Cronache 5:13; 20:19, 21; 30:21; Esdra 3:10–11; Neemia 5:13; Salmo 22:22–23; 35:18; 63:5; 69:30, 34; 119:164; 148:1–4, 7, 14; 150:1–6; Isaia 62:9 e Geremia 20:13
- ◆ Il nome di Dio – Salmo 69:30; 74:21; 145:2; 148:5 e Gioele 2:26
- ◆ La parola di Dio – Salmo 56:4 e 10.

Come vedremo al capitolo 3, al tempo dell'Antico Testamento, la lode e l'adorazione erano solitamente un'attività svolta collettivamente, e l'enfasi biblica su una *halal* collettiva è evidente nei passaggi biblici come quello in Giudici 16:24, in 1 Cronache 16:36, 23:5, in 2 Cronache 23:12, 30:21, in Esdra 3:11, in Neemia 5:13, nel Salmo 22.22, 35:18, 102:18, 107:32, 109:30 e 117:1.

Adorare in spirito e verità

Oggi spesso associamo la lode con il ringraziamento. È interessante notare che, di tutte le diverse parole ebraiche che sono usate per esprimere "lode", solo halal è legata al ringraziamento. Sembra che quando le persone desideravano ringraziare Dio durante la lode, essi lo facevano elevando grandi grida di gioia. Lo vediamo, ad esempio, in 1 Cronache 16:4, 23:30, 25:3, 29:13 e in Neemia 12:24.

L'espressione *Alleluia*, "Lodate il Signore", è utilizzata nel Salmo 104:35 e 135:3 e all'inizio dei Salmi 106, 111, 112, 113, 135, 146–149 e alle fine dei Salmi 104–106, 113, 115-117, 135 e 146–150.

Yadah
Il verbo ebraico *yadah* è solitamente tradotto con "lodare", ma il suo significato letterale è "lanciare'" – come vediamo in Lamentazioni 3:53.

Può sembrare sconcertante, ma in molte parti del mondo c'è ancora l'usanza di onorare le persone tirando qualcosa contro di loro: ad esempio, gli Americani onorano gli eroi al loro rientro ricoprendoli con una pioggia di coriandoli, gli Europei celebrano e onorano le coppie appena sposate tirando loro dei confetti, o dei petali di fiori o ancora del riso.

Yadah viene utilizzato in due modi complementari per suggerire che:

◆ La lode offerta dal popolo di Dio è accompagnata da gesti del corpo o da disposizioni dello spirito.

◆ La lode è espressa essenzialmente attraverso una confessione o una dichiarazione.

Alcune versioni della Bibbia traducono *yadah* con "confessare" (come, per esempio, in 1 Re 8:33-35, in 2 Cronache 6:24-26, in Giobbe 40:14 e nel Salmo 32:5) e con "ringraziare" (come, per esempio, in 2 Samuele 22:50, in 1 Cronache 16:4-8, nei Salmi 18:49, 30:12, 136:1-3 e 26). E', tuttavia, la stessa parola che in altri passi è tradotta con "lodare".

Spesso il verbo *yadah* viene utilizzato in sequenza con *halal*

Lode e adorazione

– come in 1 Cronache 29:13, in 2 Cronache 31:2, in Esdra 3:11 e in Neemia 12:24. In questi casi, i traduttori hanno solitamente tradotto *halal* con lode e *yadah* con ringraziare, proprio per evidenziare la distinzione tra le due parole. Questi passaggi, tuttavia, mostrano il desiderio di Dio che la nostra lode includa sia *halal*, il canto, che *yadah*, la gestualità del corpo o dello spirito.

Ogni uso di *yadah* implica sia un gesto sia una dichiarazione; per questo motivo è importante che la nostra comprensione della lode includa anche la gestualità, riconoscendo, inoltre, che la lode può esprimersi in un ringraziamento, in una confessione o in una dichiarazione pubblica: ognuna di esse rientra allo stesso modo nel concetto di lode.

In Genesi 29:35, 2 Cronache 7:3, Salmo 9:1, 42:5, 44:8, 54:6, 57:9, 86:12, 108:3, 118:28, 138:1-2, Isaia 12:1, 4; 25:1, 38:19 e Geremia 33:11 *yadah* è usato, per esempio, nel significato generale di lode.

Zamar

Questo verbo deriva dal "suono" di uno strumento a corde e viene utilizzato nell'Antico Testamento quando la lode è associata al canto o al suono di uno strumento musicale.

Il sostantivo *mizmor* deriva da *zamar*, ed è la parola usata per "salmo"; parola che troviamo all'interno del titolo di 57 Salmi per introdurre "una canzone che venga cantata con un accompagnamento musicale".

La parola *zamar* è generalmente tradotta come "cantare le lodi", ed è usata, ad esempio, in Giudici 5:3, 2 Samuele 22:50, Salmo 7:17, 9:11, 47:6, 61:8, 98:4, 108:1, 144:9, 147:7, 149:3 e Isaia 12:5.

Shabach

La radice da cui deriva questo verbo significa "levigare, calmare o livellare", ed è usato nel Salmo 65:7, 89:9 e in Proverbi 29:11 per descrivere il "calmare" la rabbia, o l'"ammansire" il mare e i nemici. In altri passi *shabach* si riferisce al "placare Dio

Adorare in spirito e verità

attraverso la lode": è, per esempio, usato nel Salmo 63:4, 117:1, 145:4 e 147:12. Una parola ad essa correlata – *shebach* – è usata in Daniele 2:23; 4:34, 37; 5:4 e 23.

Shabach è normalmente tradotto con "lodare", anche se alcune versioni lo traducono con "benedire", "esaltare", "glorificare", o "onorare" – soprattutto quando viene utilizzato insieme con il verbo *halal*.

Questo ci suggerisce che la nostra lode dovrebbe includere momenti di *shabach* – una lode più pacata, e momenti di *halal* – una lode più esuberante.

Todah

Questo sostantivo è di solito tradotto con la parola "ringraziamento", talvolta con la parola "lode" – come, ad esempio, nel Salmo 42:4, 50:23 e 56:12.

Sebbene vi sia una grande sovrapposizione di significati tra le parole adorazione, lode e ringraziamento, queste possono essere distinte in due modi:

- ◆ L'adorazione è l'apprezzamento di Dio per la sua persona, la lode è l'apprezzamento di Dio per la sua natura, e il ringraziamento è l'apprezzamento di Dio per le sue opere.

- ◆ L'adorazione è l'insieme di tutte quelle parole, quei gesti e quegli atteggiamenti che provengono dal riconoscimento del supremo valore di Dio; la lode è principalmente un'espressione verbale di questo riconoscimento; il ringraziamento è un'espressione di gratitudine a Dio per ciò che ha fatto, attraverso un'affermazione o un gesto generoso.

Questa sovrapposizione di significati è il motivo principale per cui parole come *yadah* e *todah* sono talvolta tradotte con "lode" e talvolta con "ringraziamento". Esiste una distinzione tra di esse, infatti, ma non è significativa.

Lode e adorazione

Le parole usate nel Nuove Testamento
Esiste una molteplicità di parole greche che è tradotta in molte versioni inglesi del Nuovo Testamento con il verbo "lodare". Ognuna di esse presenta una diversa sfumatura di significato, e la nostra comprensione e attuazione della lode deve essere in grado di includerle tutte:

- *aineo*: il significato originario di questo verbo era quello di "raccontare una storia", ma è usato nel Nuovo Testamento per descrivere una lode offerta a Dio attraverso le proprie parole – come per esempio troviamo in Luca 2:13, 20, 19:37, 24:53, in Atti 2:47, 3:8-9, in Romani 15:11 e in Apocalisse 19:5.

- *epaineo*: questo verbo significa "elogiare" e si riferisce ad un caloroso elogio verbale – lo vediamo, per esempio, in 1 Corinzi 11:2, 17 e 22. Il sostantivo epainos è usato in 2 Corinzi 8:18, in Efesini 1:12, 14, in Filippesi 1:11, 4:8, in 1 Pietro 1:7 e 2:14.

- *humneo*: questo verbo greco è la radice da cui proviene la parola "inno" e significa "cantare lodi" – è usato, per esempio, in Matteo 26:30, in Marco 14:26, in Atti 16:25 e in Ebrei 2:12.

- *psallo*: questo verbo significa "suonare uno strumento a corda", e si riferisce al lodare attraverso uno strumento musicale – come in Giacomo 5:13.

- *exomologeo*: questo verbo significa "confessare", e si riferisce ad un riconoscimento pubblico, ad una celebrazione o ad una dichiarazione; in alcune versioni è tradotto con "ringraziamento", ma "lode" è la traduzione più precisa – è usato in Matteo 11:25, in Luca 10:21, in Romani 14:11, 15:9, in Filippesi 2:11 e in Apocalisse 3:5.

- *eucharisteo*: anche se questa verbo significa letteralmente "rendere grazie", e questo è di solito il

Adorare in spirito e verità

> modo in cui è tradotto in italiano, è in realtà la parola più comunemente usata nel Nuovo Testamento per indicare la lode e viene utilizzata in modo molto simile a quello di *yadah*.

Eucharisteo descrive un'espressione di gioia verso Dio ed è una delle caratteristiche dei frutti dello Spirito. E' usato, per esempio, in Matteo 26:27, Marco 8:6, Luca 17:16, Giovanni 11:41, Atti 28:15, Romani 1:8, in 1 Corinzi 14:18, Efesini 5:20, Colossesi 1:3, 2 Tessalonicesi 2:13 e in Apocalisse 11:17.

In molte tradizioni della chiesa, la Cena del Signore viene descritta come "l'Eucarestia" essendo la cena essenzialmente considerata come un atto di ringraziamento per la morte di Cristo.

La lode biblica
In tutta la Bibbia troviamo evidenza di grandi espressioni di lode, di manifestazioni spontanee di quella gioia che, in tutte le Scritture, sembra caratterizzare la vita del popolo di Dio.

La Bibbia mostra chiaramente che Dio si rallegra nella sua creazione, e che tutta la creazione dovrebbe esprimere la sua gioia lodandolo.

Lo possiamo vedere, per esempio, in Genesi 1, nel Salmo 90:14-16, 104:31, in Proverbi 8:30-31, in Giobbe 38:4-7 e in Apocalisse 4:6-11.

La lode è una delle cose che più caratterizza il popolo di Dio, e i non credenti mostrano la loro mancanza di fede proprio attraverso il rifiuto a lodare. Possiamo vederlo in Romani 1:21, in 1 Pietro 2:9, in Efesini 1:3-14, in Filippesi 1:11 e in Apocalisse 16:9.

La Bibbia ci dice come la venuta del regno di Dio sarà contraddistinta dal ritorno di una grande gioia e di una lode sincera tra il popolo di Dio e in tutta la creazione – Isaia 9:2, Salmo 96:11-13, Luca 2:13-14 e Apocalisse 5:9-14.

Al capitolo 3 vedremo come la lode e l'adorazione offerte nel tabernacolo e nel tempio rappresentassero un'anticipazione della lode nel regno di Dio, e come scaturissero dalla gioia del

Lode e adorazione

popolo di trovarsi alla presenza redentrice del suo Dio – per esempio, in Deuteronomio 27:7, in Numeri 10:10 e in Levitico 23:40.

Giobbe 1:21, tuttavia, ci mostra che la lode descritta dalla Bibbia non esprime unicamente uno stato d'animo di gioia; al popolo di Dio, infatti, veniva spesso comandato di gioire davanti al Signore indipendentemente da quali fossero i loro sentimenti e le loro circostanze – come si può vedere in Deuteronomio 12:7 e 16:11-12.

Non sempre la lode si manifestava come un atto impulsivo e spontaneo; esistevano, infatti, anche delle precise disposizioni su come offrire la lode all'interno del tempio. I passi biblici in Esodo 15:20, 2 Samuele 6:14, Salmo 42:4, 149:3 e 150 dimostrano come la lode all'interno del tempio includesse Salmi, grida, processioni, canti, danze e strumenti musicali.

Nel capitolo 5 vedremo come anche i primi cristiani avessero l'usanza di andare al tempio ed esprimere la loro gioia attraverso la lode – come possiamo vedere in Luca 24:53 e in Atti 3:1. Marco 2:22 ci aiuta, tuttavia, a comprendere come l'esperienza della nuova vita in Cristo si esprima anche attraverso nuove forme di lode. Gli uomini e le donne che sperimentavano la potenza di Gesù nella propria vita avevano cuori che traboccavano di lode al Signore – lo vediamo, per esempio, in Luca 18:43 e in Marco 2:12. Nel Nuovo Testamento possiamo vedere diversi episodi in cui, ogni volta che il popolo di Dio giungeva a comprendere o a sperimentare la sua potenza, erompeva in un'espressione di lode – come, per esempio, in Atti 2:46, 3:8, 11:18, 16:25 e in Efesini 1:1-14.

Come studieremo più ampiamente nel capitolo 4, i primi credenti usavano i Salmi dell'Antico Testamento come base della loro lode e adorazione; Colossesi 3:16 e Matteo 26:30 richiamano quest'usanza. 1 Corinzi 14:26, Colossesi 3:16 e Apocalisse 5:8-14 mostrano come, successivamente, la chiesa primitiva avesse anche aggiunto a questi dei nuovi inni; mentre Luca 1:46-55, 68-79; 2:29-32 e Atti 2:4-11 riportano nuove forme di lode profetica.

Adorare in spirito e verità

Il sacrificio di lode
Ebrei 13:15 parla di un "sacrificio di lode". Questa espressione si ricollega al brano di Levitico 7:11-21, che definisce il ruolo del ringraziamento all'interno del sistema sacrificale antico testamentale, e a quello di Deuteronomio 26:1-11, che vede nella gratitudine il principale motivo per presentare un'offerta all'altare.

In questo capitolo abbiamo esaminato le diverse parole che la Bibbia usa per riferirsi alla lode e all'adorazione, e abbiamo cominciato ad apprezzarne la vastità e la profondità del loro significato. Nell'accingerci a considerare il culto e l'adorazione alla luce dell'Antico ed il Nuovo Testamento, è importante tenere a mente quanto finora considerato, anche al fine di applicarlo alle nostre vite.

Capitolo terzo

L'adorazione nell'Antico Testamento

Osservando l'Antico Testamento, vediamo che l'adorazione è la risposta del popolo di Dio alla rivelazione che egli fa di se stesso; ciò che egli rivela di sé, il suo carattere, la sua santità, determina il tipo di risposta del suo popolo. Per esempio:

- ◆ Perché Dio è un Dio onnipotente e perfetto, l'adorazione deve riflettere la sua santità.

- ◆ Poiché Dio è un Dio giusto e buono, l'adorazione deve riconoscere e affrontare il problema del peccato.

- ◆ Poiché Dio è un Dio misericordioso e amorevole, colui che si ravvede può cercare il suo perdono e la promessa di una nuova vita.

Il modo in cui questi diversi aspetti dell'adorazione entrano in relazione tra di loro varia con le occasioni, ma in tutto l'Antico Testamento l'adorazione inizia sempre con il riconoscimento da un lato, di chi è *Yahweh*, cioè dal comprendere che egli è esattamente chi dichiara di essere, e dall'altro, dal riconoscimento della natura del suo popolo; in altre parole, l'adorazione inizia con il comprendere la santità di Dio e la condizione di peccato del popolo.

In cima alla lista dei Comandamenti, cioè di quelle dieci categoriche affermazioni considerate il cuore della legge di Dio, c'è proprio Il tema dell'adorazione. Il primo comandamento – Esodo 20:3 – vieta l'adorazione di falsi dei, ed esorta ad adorare *Yahweh* soltanto, poiché solo il Signore è l'unico vero Dio. Il secondo comandamento – Esodo 20:4 – si riferisce ancora all'adorazione, affermando in quale modo *Yahweh* debba essere adorato. Più specificamente, ci vieta di fare immagini o sculture alcune che rappresentino Dio e di adorarle.

Adorare in spirito e verità

In sintesi, in tutto l'Antico Testamento, l'adorazione è la celebrazione della grazia che Dio mostra al suo popolo nel farlo entrare alla sua presenza e conoscere la sua santità.

Luoghi per adorare

Come vediamo in *Gloria nella Chiesa*, i moderni luoghi di culto cristiani altro non sono che normali edifici scelti per incontrarsi. La loro dimensione, la loro forma e la loro posizione sono determinate da fattori culturali piuttosto che spirituali.

Poiché i cristiani non hanno alcun obbligo di adorare in un luogo specifico, molti di loro svolgono incontri di culto nelle scuole, nelle sale pubbliche, o anche all'aperto.

Nell'Antico Testamento era diverso. Il culto era offerto solo in quello stesso luogo in cui Dio aveva già rivelato se stesso in un modo speciale. Il popolo pensava, infatti, che quello fosse il luogo dove era possibile che la santità di Dio interagisse con gli uomini, senza che le loro vite fossero a rischio.

Quando Mosè si trovò di fronte al pruno ardente, in Esodo 3:5-6, egli riconobbe immediatamente che si trattava di un luogo santo, dove Dio poteva e doveva essere adorato. L'unica ragione per cui questo posto non divenne, nel tempo, un regolare luogo di culto fu la sua lontananza geografica da Israele; tuttavia, nelle generazioni successive ci sono stati molti altri posti che divennero regolari luoghi di adorazione, poiché erano stati i luoghi dove Dio aveva scelto di rivelare se stesso ai leader di Israele.

Il tabernacolo e l'arca

Il racconto che leggiamo in Esodo 33:7-40:38 ci dice che i Giudei che fuggirono dall'Egitto e attraversarono il deserto avevano uno luogo speciale dove adoravano il Signore, una tenda situata al centro del loro accampamento. Questa era chiamata "la tenda della presenza del Signore" o "il tabernacolo".

Di solito associamo la parola "tabernacolo" all'idea di un edificio, ma è, in realtà, la parola biblica usata per indicare una tenda trasportabile, una tenda che Dio riempiva con

L'adorazione nell'Antico Testamento

la sua presenza, e che circondava con una nuvola visibile, a rappresentare la sua gloria. Ogni volta che questa nuvola si alzava, il popolo di Dio smontava il tabernacolo per trasportarlo e s'incamminava seguendola.

L'Antico Testamento contiene istruzioni dettagliate su come il tabernacolo dovesse essere eretto. In esso c'erano più recinzioni: la più interna proteggeva la parte più sacra del tabernacolo, poi altre, fino ad arrivare a quella più esterna. Le tende dei sacerdoti erano piantate poco distanti da quest'ultima recinzione, e quelle del popolo subito dopo le tende dei sacerdoti.

Ezechiele 42:20 ci mostra che questo tipo di disposizione era stata disegnata per separare ciò che era santo da ciò che non lo era, e per garantire che solo le persone qualificate da Dio a farlo potessero accostarsi alla santità della sua presenza.

All'interno della parte più sacra del tabernacolo, nel "luogo santissimo", si trovava "l'arca del patto". Questa era una cassa di legno ricoperta di oro, nella quale erano collocate le due tavole della Legge, un vaso contenente la manna, e la verga di Aronne, come possiamo vedere in Esodo 25:16,21, 40:20, Deuteronomio 10:1-5 e in Ebrei 9:4-5.

L'arca era il posto in cui Dio rivelava la sua volontà – come leggiamo in Esodo 25:22, 30:36, in Levitico 16:2 e in Giosuè 7:6. Era sempre strettamente associata al luogo della presenza personale di Dio, come per esempio si legge in Numeri 10:35-36 e in Giosuè 4:5 e 13.

Nessuno sa cosa sia successo né al tabernacolo né all'arca. Dopo che il popolo di Dio si stabilì nella terra di Canaan non viene fatto più alcun riferimento al tabernacolo. Tuttavia, si parla dell'arca in Giosuè 3:1-5:1, Giudici 20:18-28, 1Samuele 4:1-11; 5:1-7:1 e in 1 Re 8:1-9. Il re Salomone la pose nel tempio di Gerusalemme, dove rimase fino a quando l'esercito di Nabucodonosor saccheggiò la città. Al tempo del Nuovo Testamento il luogo santissimo, all'interno del tempio, fu lasciato vuoto.

L'arca e il tabernacolo svolsero un ruolo fondamentale nello

Adorare in spirito e verità

sviluppo dell'adorazione al tempo dell'Antico Testamento. Entrambe hanno contribuito a evidenziare l'importante verità che Dio non fosse vincolato a un unico luogo; hanno dimostrato che la potenza e la presenza di Dio potevano essere conosciute solo dove *Yahweh* sceglieva di rivelare se stesso, e hanno rimarcato che il giusto modo per adorare Dio poteva essere solo quello scelto e guidato da lui, nei luoghi e nei modi.

Santuari locali
Le persone hanno sempre scelto di adorare in un posto che fosse vicino al luogo dove vivevano; come possiamo osservare nell'Antico Testamento, la maggior parte delle città e dei villaggi, a quel tempo, aveva quello che potremmo definire un luogo di adorazione, che di solito consisteva in un altare situato in un luogo aperto, dove ci si poteva recare per offrire sacrifici.

Genesi 13:18, 18:1-15, 26:23-26, 28:10-22, 31:43-55, Giudici 20:18-28, 1 Samuele 1:1-3:21, 7:16 -17, 10:3,17-27, 11:14-15, 13:8-15, 1 Re 3:4-15, 5:1-6:37, 12:29-13:32; Amos 3:14; 5:5-6 e 7:16-17 fanno riferimento a santuari locali che si trovavano ad Ebron, Beer-Sheba, Mispa, Betel, Ghilgal, Rama, Silo e Gabaon.

Questi luoghi facevano parte della vita religiosa di Israele prima dell'esodo dall'Egitto, ma venero vietati dal Signore una volta che il popolo entrò nella terra di Canaan.

Dio voleva che il suo popolo adorasse nei luoghi stabiliti da lui e non da loro.

Nonostante la disapprovazione di Dio, questi santuari continuarono a crescere fino a quando il tempio di Gerusalemme non li superò di importanza. Infatti, il grande numero di sacerdoti e di musicisti presenti nel tempio rendeva l'adorazione così imponente e grandiosa che il popolo cominciò a trascurare i santuari e a fare pellegrinaggi verso il tempio.

Purtroppo, in molti dei santuari locali era praticata l'idolatria: questi furono denunciati e condannati dai profeti e chiusi forzatamente, come possiamo, per esempio, vedere in 2 Re 18:1-8, 21:3, 23:1-20 e in Geremia 2:20.

Il tempio di Gerusalemme
1 Re 6:1-7:51 e 2 Cronache 2:17-5:1 riportano la costruzione del tempio. La sua disposizione generale era simile a quella del tabernacolo; il luogo santissimo era situato al centro ed era circondato da altre divisioni. La maggior parte del culto si svolgeva nelle divisioni più esterne, che spesso erano decorate più per riflettere le alleanze politiche della nazione che per celebrare *Yahweh*. E' possibile vederlo, per esempio, in 2 Re 16:10-18, 18:1-7 e 21:1-18.

I re avevano un legame molto stretto con il tempio; 2 Re 16:18 ci rivela che esisteva un passaggio privato che dal palazzo reale conduceva al tempio. Ciò significa che il tempio non rappresentava soltanto un luogo di culto spirituale, ma era anche il simbolo del potere politico della famiglia reale.

Alcuni passi come quello di 2 Samuele 7:5-7, Geremia 7:1-27, 35:1-19 e Isaia 66:1 lasciano intendere che in alcune occasioni i profeti manifestarono dei malcontenti riguardo al tempio.

A volte, come fece Gesù in Luca 19:45-46, accadde che anche alcuni profeti denunciassero quello che succedeva all'interno del tempio, o criticassero che il popolo confidasse più nel tempio che in Dio. Sembra che alcuni di loro credessero che una semplice tenda piuttosto che un magnifico tempio meglio servissero il patto di fede con *Yahweh*.

Nonostante questo, la maggior parte dei Giudei era molto dedita al tempio. Anche se sapevano che *Yahweh* non viveva letteralmente nel tempio, credevano comunque che quello fosse il luogo dove potevano sperimentare la sua presenza in modo più diretto. Possiamo, per esempio, vederlo in 1 Re 8:27-30; Salmo 11:4, 26:8, 63:1-5, 84:1-4 e 122:1.

Sinagoghe locali
I libri di Esdra e Neemia raccontano il ritorno dei Giudei dall'esilio e la ricostruzione del tempio di Gerusalemme.

Adorare in spirito e verità

Durante quel tempo, tuttavia, l'adorazione nel tempio non fu la stessa che durante il tempo dei re, poiché l'effettivo centro di culto si spostò presto verso le sinagoghe locali.

Il culto nelle sinagoghe era diverso da quello nel tempio. Per esempio:

◆ Era legato alle comunità locali ed era di più piccole proporzioni

◆ Non includeva alcun sistema sacrificale

◆ Le sue caratteristiche principali erano la preghiera, la lettura e l'interpretazione della "Legge e dei Profeti".

Nessuno sa quale sia stata l'origine delle sinagoghe, ma sembra che l'enfasi di Esdra sulla lettura e l'interpretazione della legge abbia rappresentato un fattore chiave per il loro sviluppo. La consapevolezza del popolo di Israele che Dio fosse stato con loro durante l'esilio, che avesse accettato la loro adorazione pur senza un tempio, e che li avesse riportati in Israele rimarcò la verità che la presenza e la potenza di Dio non potevano essere limitati ad un unico posto.

Dio si rivelò a Giuseppe nella cella di una prigione, a Mosè in un pruno ardente, a Giona nel ventre di un grosso pesce, a Geremia in un pozzo fangoso, e a Neemia in un palazzo reale; poiché il popolo sapeva che poteva gustare la presenza di Dio ovunque si trovasse, le sinagoghe si diffusero in tutta la nazione di Israele.

Tipi di adorazione
Vediamo in *Preghiera Efficace* e in *Salvezza per Grazia* che la preghiera e il sacrificio rappresentavano aspetti importanti dell'adorazione nell'Antico Testamento. Geremia 6:20 e Amos 4:4 suggeriscono la presenza in essa dell'incenso e delle offerte; il libro dei Salmi ci racconta di come il canto, la danza, le grida e le processioni ne fossero ugualmente parte. Tuttavia, mai nell'Antico Testamento viene riportato un resoconto dettagliato di come si svolgesse un intero culto.

L'adorazione nell'Antico Testamento

Il sacrificio
Brani come Levitico 1:1-7:38, Numeri 15:1-31 e 28:1-29:40 riportano istruzioni specifiche per come offrire i sacrifici; questo tema viene in parte trattato nel volume Salvezza per Grazia.

Genesi 4:3-5 e 8:20 mostra come, anticamente, le persone adorassero Dio attraverso l'offerta di sacrifici, e come Dio si rivelasse loro al tempo e nel luogo del sacrificio stesso. Probabilmente Abramo aveva spesso offerto dei sacrifici, altrimenti Isacco non avrebbe chiesto dell'agnello per l'olocausto in Genesi 22:7.

Successivamente, gli Egiziani furono afflitti da diverse piaghe perché il Faraone non voleva concedere agli Israeliti il permesso di andare ad adorare nel deserto offrendo sacrifici a Dio. Esodo 10:24-26 rivela due principi fondamentali del sistema sacrificale dell'Antico Testamento.

In primo luogo, il popolo doveva permettere a Dio di guidare l'offerta dei loro sacrifici; in secondo luogo, potevano offrire soltanto animali e uccelli considerati puri e che fossero di loro proprietà – l'offerta del sacrificio, cioè, doveva rappresentare una vera rinuncia.

La decima piaga fu un atto di giudizio sull'Egitto e di liberazione per Israele. La Pasqua – Esodo 11-13 – non fu solo l'inizio di Israele come nazione, ma anche di un sistema di sacrifici regolamentato.

Dopo la Pasqua, al tempo in cui il popolo di Dio stava ancora vagando nel deserto, Dio diede loro istruzioni su come offrire i sacrifici. Dovevano esserci 5 principali rituali:

- ◆ L'olocausto, o sacrificio consumato dal fuoco
- ◆ L'oblazione, o offerta di fior di farina
- ◆ Il sacrificio di comunione, o sacrificio per la pace
- ◆ Il sacrificio per il peccato
- ◆ Il sacrificio per la colpa, riparazione o offerta per la trasgressione

Adorare in spirito e verità

Possiamo dire che:

- ◆ I sacrifici di comunione e l'oblazione aiutavano il popolo ad esprimere il loro senso di appartenenza a Dio

- ◆ L'olocausto rappresentava l'offerta – e l'accettazione da parte di Dio – di tutto ciò che il popolo era e possedeva

- ◆ Il mangiare insieme da parte dei sacerdoti e del popolo, nel sacrificio di comunione, ricordava loro il loro fondamentale rapporto con Dio

- ◆ I sacrifici per il peccato e per la colpa permettevano al popolo sia di esprimere la consapevolezza della propria separazione da un Dio santo a causa del loro peccato, sia di implorarlo affinché lo coprisse.

Abbiamo visto che chi offriva sacrifici, in un certo senso, doveva farlo sacrificando le proprie risorse personali, ma Deuteronomio 23:18 aggiunge anche che l'offerta non sarebbe stata accettata se la proprietà del sacrificio fosse stata illegittimamente acquisita.

I sacrifici dovevano essere offerti personalmente e come nazione, privatamente e pubblicamente, periodicamente e in caso di bisogni speciali. Numeri 28-29 elenca i sacrifici pubblici giornalieri, settimanali, mensili e annuali; Esodo 12 mostra, invece, come la Pasqua dovesse essere celebrata all'interno della famiglia.

Ogni volta che il popolo di Israele si rivolgeva a Yahweh doveva farlo attraverso l'offerta di sacrifici. L'Antico Testamento mostra che laddove le situazioni e le ragioni del sacrificio potevano essere diverse, il rituale d'offerta doveva sempre rispettare delle istruzioni precise, come considerato dettagliatamente nel libro *Salvezza per Grazia*.

Canto e musica

Il libro dei Salmi è il libro dell'Antico Testamento che più

L'adorazione nell'Antico Testamento

contiene insegnamenti sull'adorazione, come poi vedremo più accuratamente al capitolo 4. Quando osserviamo i Salmi, o altre parti dell'Antico Testamento che si riferiscono all'adorazione, notiamo che il canto e la musica costituivano degli elementi importanti.

Da 1 Re 18:27-29 apprendiamo che alcune religioni erano solite utilizzare la musica per entrare in uno stato di delirio; 1 Samuele 10:1-13 suggerisce che in talune occasioni anche alcuni dei profeti di Dio usarono la musica allo stesso modo, mentre Amos 5:23 insiste sul fatto che non tutti i tipi di canti o musica sono graditi a Dio. Nonostante questo, non poteva esserci una lode vera e gradita a Dio senza la presenza di gioiosi canti di lode.

Alcuni brani come quelli del Salmo 22:3 e 63:5 mostrano come sia naturale rispondere alla rivelazione della santità di Dio con il tipo di adorazione descritta nei Salmi. La consapevolezza della presenza di Dio conduce sempre il suo popolo ad adorarlo, cantando e lodando con gioia.

I libri di 1 Cronache 15,16-24, 16:4-7 ed Esdra 2:41,70 e 3:10-11 sembrano far riferimento alla presenza di cori speciali durante l'adorazione, e molti Salmi hanno un ritornello che ci induce a pensare che una parte del salmo veniva cantata dall'assemblea, ed il resto dal coro. Si vedano i Salmi 42, 43 e 46.

I riferimenti che troviamo in 2 Samuele 6:5, 1 Cronache 25:1-5, Salmo 43:4, 68:25, 81:1-3, 98:4-6, 150:3-5 e in Isaia 30:29 ci dicono che, durante la lode, c'era chi suonava tamburelli, chi arpe, cetre, trombe, sonagli, corni, flauti e chi ancora cembali. Nell'Antico Testamento l'adorazione era sostanzialmente qualcosa di gioioso; dal Salmo 42:4 si può capire, infatti, che durante la lode c'era come un'atmosfera di festa all'interno del tempio.

Danza e teatro

Dalla lettura dei Salmi vediamo come alcuni di essi sembrano fare un implicito riferimento alla danza, mentre altri la

Adorare in spirito e verità

incoraggiano apertamente – si veda, ad esempio, il Salmo 26:6; 149:3 e 150:4. In 2 Samuele 6:1-22 si legge la storia di quando il re Davide danzò davanti al Signore, in mezzo al popolo di Israele, e di come sua moglie lo disprezzò per essersi messo in ridicolo.

Nei Salmi 26:6, 42:4, 48:12-14, 68:24-27 e 118:19 si legge di processioni religiose in cui le persone entravano ed uscivano dal tempio e camminavano per la città in segno di lode al Signore.

I riferimenti che troviamo nei Salmi 46:8-10, 48:8 e 66:5 ci lasciano intendere che durante l'adorazione era possibile che venissero ricostruiti alcuni dei potenti atti compiuti dal Signore, per insegnare al popolo quanto grande fosse il suo potere; dal Salmo 26:6 possiamo apprendere come anche alcuni tipi di azioni simboliche facessero parte dell'adorazione. Discuteremo al capitolo 9 il ruolo della creatività e dell'arte all'interno dell'adorazione.

La preghiera
Mentre il Nuovo Testamento fa esplicito riferimento a dei regolari incontri di preghiera che si tenevano all'interno del tempio, non si trovano gli stessi riferimenti nell'Antico Testamento; ciò nonostante, la preghiera, in Israele, è sempre stata parte fondamentale dell'adorazione.

Attraverso tutto l'Antico Testamento si può vedere chiaramente che anche la gente comune come Anna poteva portare i propri pesi al Signore, al pari dei re e dei profeti. Si veda 1 Samuele 1:1-18, 1 Re 8:22-61 e 18:36-37.

In Deuteronomio 26:5-10 si legge come "la Legge" contenesse delle preghiere da utilizzare in occasioni speciali, e il libro dei Salmi delle preghiere che venivano utilizzate sia da individui che da gruppi di persone riuniti per adorare.

I passi di 1 Samuele 1:26, 1 Re 8:22,54, Salmo 5:7, 51:17, 63:4 e Isaia 1:15 ci mostrano le diverse posizioni che venivano usate per la preghiera; tuttavia, la disposizione del cuore rimaneva più importante di qualunque forma esteriore.

L'adorazione nell'Antico Testamento

Le occasioni per adorare
Nell'Antico Testamento l'adorazione riguardava sia il modo in cui il popolo viveva, sia ciò che il popolo faceva quando si trovava nei luoghi santi. Dio poteva essere cercato da parte di tutto il suo popolo indistintamente, in ogni momento, e in ogni luogo; per questo i santuari locali, il tabernacolo e il tempio, erano sempre aperti per dare la possibilità al popolo di accedervi ed adorare.

C'erano, tuttavia, anche delle occasioni speciali in cui il popolo interrompeva il proprio lavoro per riunirsi e celebrare insieme la grazia e la bontà di Dio.

Il Sabbat- il giorno del Signore
La parola ebraica *sabbat* significa "interruzione" o "riposo", e i passi in Genesi 2:2, Esodo 20:11 e 31:17 affermano che Dio "si riposò" dall'opera della creazione e fu "ristorato".

Il principio sabbatico dell'Antico Testamento di interrompere il proprio lavoro per un giorno a settimana, è basato sull'esempio di riposo sabbatico dato direttamente da Dio. Certamente Dio non era un lavoratore stanco, bisognoso di riposare; tuttavia, il suo diventò un esempio importante da seguire per tutta l'umanità. Dai riferimenti che troviamo in Esodo 23:12 e 34:21 possiamo vedere che il sabato iniziò come un giorno di riposo in cui tutti – compresi schiavi e stranieri – potevano riposarsi dal proprio lavoro.

Sembra che l'adorazione fosse parte integrante di questo tempo di riposo e ristoro sabbatico. Alcuni passi delle Scritture come Levitico 19:30, Numeri 28:9-10, 2 Re 11:5-8, Isaia 1:13, 2:11, Geremia 17:21-22 e Amos 8:5 descrivono ciò che accadeva durante il sabato, includendo anche riferimenti ad alcune attività svolte che non sempre piacevano a Dio.

Per il popolo ebraico, il sabato era un giorno per riflettere sulle proprie radici nazionali, per celebrare la grandezza di Dio, e per rinnovare il loro impegno all'interno di quel patto di fede con il Signore. Questo è il motivo per cui la Legge, come vediamo in Esodo 20:8-11, ordinava al popolo di Dio di

Adorare in spirito e verità

osservare il sabato e di dedicare l'intera giornata a *Yahweh*.

In Esodo 31:12-17 e Deuteronomio 5:13-15 viene descritto e riportato l'insegnamento biblico sul giorno del sabato, e il passo di Isaia 58:13-14 mostra che doveva essere un giorno di gioia nel celebrare il Signore.

La Pasqua
Il popolo di Dio ricordava continuamente la liberazione dalla schiavitù in Egitto. Questo evento era celebrato annualmente con una festività che si teneva all'interno delle loro case: era una celebrazione che ricordava come il patto che Dio fece con loro fosse stato segnato da ciò che accadde durante l'esodo.

Inizialmente, l'usanza era che in ogni famiglia venisse sacrificato un agnello e che la festa si celebrasse privatamente. In seguito, tuttavia, gli agnelli venivano sacrificati nel tempio, nello splendore di una grande occasione spirituale, e poi mangiati a casa, in una celebrazione di famiglia – questo evidenziava il legame tra l'aspetto *nazionale* e *familiare* della liberazione avvenuta con l'esodo.

Questa festività era così importante che esisteva un provvedimento speciale per il quale chiunque non avesse potuto celebrare la Pasqua perché ritualmente impuro, avrebbe potuto celebrarla il mese successivo. Alcuni brani come Numeri 9:1-4, Deuteronomio 16:1-8, 2 Re 23:21-22, 2 Cronache 30:1-27 e 35:1-19 descrivono il ruolo che la Pasqua aveva nell'ambito dell'adorazione nell'Antico Testamento.

La festa del raccolto
L'Antico Testamento parla di tre grandi feste che sembra fossero legate all'andamento dell'anno agricolo. Le Scritture, tuttavia, le rapportano più ai grandi eventi della storia di Israele, piuttosto che al ciclo delle stagioni.

La festa dei pani senza lievito era legata al tempo della mietitura dell'orzo, ma era anche celebrata nello stesso periodo dell'anno in cui era celebrata la Pasqua. Ciò significa che c'era uno stretto legame fra le due festività e che, insieme, commemoravano la fuga dall'Egitto – si veda Levitico 23:9-14 e Numeri 28:16-25.

La festa della Pentecoste celebrava la fine della mietitura del grano; in tutti i santuari si presentavano offerte speciali. Nel tempo, questa divenne la festività con cui il popolo di Dio celebrava la consegna della Legge a Mosè sul Monte Sinai – si veda Numeri 28:26-31, Levitico 23:15-21 e Deuteronomio 16:12.

La festa dei tabernacoli o delle capanne si teneva alla fine della stagione, e celebrava la raccolta della frutta. Era una festa particolarmente gioiosa, e le persone vivevano in capanne per una settimana – in parte perché questo era ciò che i contadini facevano per proteggere le loro coltivazioni, ma soprattutto per ricordare quando i loro antenati dormirono in semplici tende durante il tempo del loro viaggio nel deserto.

Questa festività celebra il patto d'Israele con il Signore, e molti studiosi ritengono che includesse anche un momento in cui il popolo si riconsacrava alla legge di Dio e al patto fatto con Lui – si veda Esodo 24:7, Levitico 23:33-44, Deuteronomio 16:13-17, 27:9-10, 31:9-13, Giosuè 24:1-28 e Neemia 8:13-18.

Altre festività
Ogni anno, il popolo di Dio celebrava anche altre tre importanti festività che non erano legate all'andamento dell'anno agricolo.

La festa delle trombe – il giorno della festa delle trombe è menzionato in Numeri 29:1 e Levitico 23:24. Era chiamato "un giorno di commemorazione annunciato a suon di tromba" e "un riposo solenne". In questo giorno di festività, il popolo di Dio si riposava dal lavoro, lo adorava con l'offerta di sacrifici, e celebrava l'indipendenza nazionale.

La festa dei Purim, che fu aggiunta all'anno religioso ebraico solo successivamente, è descritta nel libro di Esther al capitolo 9. Fu istituita da Mardocheo per commemorare la grande liberazione degli ebrei dalla malvagia trama di Aman, ed era una giornata di festa, di gioia e di giochi.

Adorare in spirito e verità

La festa dell'Espiazione è descritta nel libro del Levitico al capitolo 16. Era il giorno dell'annuale sacrificio nazionale per il peccato – in contrapposizione con i regolari sacrifici per il peccato offerti individualmente. Era il giorno più importante nel calendario ebraico, e l'unico in cui si poteva accedere al "luogo santissimo"; accesso che era consentito unicamente al sommo sacerdote.

Il compito del sommo sacerdote era quello di scegliere due capri per l'espiazione dei peccati di tutto il popolo di Israele. Uccideva uno dei due, cospargendone il sangue sull'altare; sull'altro imponeva le proprie mani, confessando tutta la malvagità e la ribellione del popolo di Dio, e poi lo conduceva nel deserto, in modo che "portasse" via con sé, simbolicamente, tutti i loro peccati. Nel libro Salvezza *per grazia* la festività dell'espiazione viene considerata in dettaglio.

Altre forme di adorazione
Abbiamo visto che l'adorazione nell'Antico Testamento si manifestava in diversi modi, ma che non comprendeva la predicazione.

Quanto si legge in Neemia 8:7-9 ci dice che, al ritorno dall'esilio, iniziò ad esserci, durante l'adorazione, un tempo dedicato alla spiegazione della legge, anche se l'enfasi principale rimaneva sempre sulla lode e sulla celebrazione.

L'adorazione era la risposta del popolo al rivelarsi di Dio attraverso gli eventi della storia e della loro esperienza quotidiana. Il popolo si recava nei santuari ricordando quanto Dio fosse stato buono con loro nel passato, e per questo nutrendo nuove speranze per le loro vite.

Tuttavia, ricordava e meditava anche sulla sua santità, che infondeva in loro un bisogno di ravvedimento e di perdono e che li portava ad offrire sacrifici, affinché questo perdono fosse loro assicurato.

Con il passare del tempo, la ripetitività che caratterizzava gran parte dell'adorazione nell'Antico Testamento portò i profeti a dubitare della sua efficacia, vedendola come niente

L'adorazione nell'Antico Testamento

più che un semplice contributo ad un rapporto con Dio più intimo e profondo.

I profeti, i sacerdoti e i re

Il sistema di adorazione nell'Antico Testamento richiedeva l'impegno di alcune persone che si dedicassero a tempo pieno alla cura dei luoghi di culto e alla supervisione di quanto in essi avvenisse. Le Scritture spesso fanno riferimento a portieri, musicisti e altri lavoratori qualificati che prestavano servizio nel tempio; tuttavia, erano i re, i sacerdoti e i profeti le figure chiave dell'adorazione in Israele.

I re
Attraverso tutta la storia di Israele e di Giuda, i re hanno svolto un ruolo importante nell'adorazione pubblica. Ad esempio, i re:

- ◆ Stabilivano i luoghi di culto – si veda 2 Samuele 6:17, 24:25, 1 Re 5:1-6:14, 12:26-33 e Amos 7:13

- ◆ Erano i responsabili di decidere sulla politica religiosa – si veda 1 Re 15:11-15, 2 Re 1:1-18, 16:1-18, 18:1-7, 21:1-9 e 22:3-23:23

- ◆ Guidavano l'adorazione – si veda 1 Samuele 13:8-10, 14:35, 2 Samuele 6:1-19, 24:25, 1 Re 3:3-4, 8:14-66, 12:32-13:1, 2 Re 16:1-16 e 19:14-19.

I sacerdoti
Dopo l'esilio e la fine della monarchia, i sacerdoti divennero dei leader politici, ma le loro funzioni spirituali erano ancora la parte più importante del loro lavoro. La Bibbia mostra che, i sacerdoti:

- ◆ Si interessavano dei santuari di tutto il paese – si veda Giudici 17:1-13, 1 Samuele 1-3:21 e Amos 7:10-13

- ◆ Davano consigli quando consultati – si veda 1 Samuele 9:3-16

Adorare in spirito e verità

- ◆ Davano istruzioni sull'adorazione – si veda Levitico 10:8-11, 13:1-8, Ezechiele 22:26, 44:23 e Aggeo 2:11-14
- ◆ Officiavano le cerimonie di offerta dei sacrifici e versavano il sangue sacrificale sull'altare – si veda Levitico 1:1-7:38, Numeri 15:1-31 e 28:1-29:40
- ◆ Erano i custodi dell'arca e della legge – si veda Giosuè 3:6-17 e 4:9-11
- ◆ Erano i mediatori tra Dio e il popolo – si veda Numeri 6:22-26 e 1 Samuele 1:17.

Era questa funzione di mediatore a costituire la principale caratteristica del ruolo del sacerdote. Vista la loro speciale consacrazione a Dio, essi potevano avvicinarsi e muoversi all'interno dei santuari.
La mediazione del sacerdote legava Dio e il popolo in un modo tangibile durante l'adorazione.

I sacerdoti erano gli unici ad essere esclusivamente dedicati al servizio di Dio. Il passo di Esodo 19:4-6 mostra che lo scopo ultimo del Signore era quello di avere un'intera nazione di sacerdoti che vivesse a lode della sua gloria. Questo ministero era stato preannunciato con la chiamata dei sacerdoti a servire di continuo nel santuario.

Ogni volta che i sacerdoti svolgevano correttamente la propria funzione all'interno del tempio e del tabernacolo, la gloria di Dio veniva rivelata e la sua presenza manifestata all'intero del santuario – si veda Esodo 40:34-35 e 2 Cronache 5:13-14.

I sacerdoti erano chiamati ad entrare alla presenza di Dio, e questo rimane ancora lo scopo della vera adorazione. Quando i sacerdoti offrivano a Dio il culto che egli cercava, l'intera nazione poteva gustare la manifestazione e la benedizione di Dio. Come possiamo osservare nel libro Gloria nella Chiesa, oggi siamo noi chiamati a svolgere questo ruolo. Mentre nell'Antico Patto l'ufficio sacerdotale era riservato solo a una tribù e famiglia, ora è una chiamata rivolta a tutti i credenti nella Chiesa.

L'adorazione nell'Antico Testamento

Solo svolgendo la nostra funzione sacerdotale di offrire al Dio Onnipotente una lode e un'adorazione continue potremo sperimentare la sua gloria e la benedizione della sua presenza.

I profeti

Alcuni credenti di oggi sembrano ritenere che i sacerdoti e i profeti avessero un ruolo opposto; essi sostengono che i sacerdoti si preoccupassero solo di officiare degli inutili rituali, mentre i profeti avessero la prerogativa di portare quel vero e vivificante messaggio di Dio. Tuttavia, il verso che troviamo in Geremia 18:18 mostra come i sacerdoti e i profeti operassero in modo complementare.

Se da una parte è vero che alcuni profeti criticarono uno sterile formalismo – si veda Isaia 1:10-17, Amos 5:21-24, Osea 6:6 e Michea 6:6-8 – è altresì vero che essi avevano un ruolo nel culto nazionale. Ad esempio:

- ◆ Sacerdoti e profeti lavoravano fianco a fianco – si veda Geremia 5:31, 23:11, 26:7, 16, 29:26, Lamentazioni 2:20 e Zaccaria 7:1-3
- ◆ Alcuni profeti avevano una camera all'interno del tempio – si veda Geremia 35:3-4
- ◆ I profeti spesso portavano i loro messaggi durante il culto, e spesso li collegavano alle principali festività
- ◆ Alcuni profeti provenivano da famiglie sacerdotali – si veda Geremia 1:1 e Ezechiele 1:1
- ◆ Alcuni Salmi suggeriscono che qualcuno parlò in nome di Dio durante la liturgia dell'adorazione e altri contengono dei messaggi che provennero direttamente da Dio – si veda Salmo 12:5, 81:5-16, 85:9-13 e 91:14-16.

E' interessante notare che le persone identificate come "Leviti" dallo scrittore di 2 Cronache 34:30 siano le stesse persone chiamate profeti dallo scrittore di 2 Re 23:2. In entrambi i passi di 1 e 2 Cronache, questi "Leviti" hanno spesso svolto funzioni

Adorare in spirito e verità

espressamente profetiche, compreso l'annuncio di messaggi da parte di Dio durante il culto – si veda 1 Cronache 25:1-6 e 2 Cronache 20:13 -19.

Le persone comuni
La maggior parte delle persone che si riunivano per adorare non erano né profeti, né sacerdoti, né re, ma semplici uomini e donne che lavorano nelle piccole città e nei villaggi di Israele. La maggior parte dell'Antico Testamento ci dice poco sulla loro adorazione; tuttavia, c'è un libro che spicca fra tutti, e che è di fondamentale importanza se vogliamo comprendere come fosse la vita di adorazione delle persone ordinarie – e come dovrebbe essere oggi la nostra.

Il libro dei Salmi sembra essere un resoconto dettagliato delle attività che venivano svolte nel tempio di Gerusalemme per adorare il Signore durante il periodo dei re, poco prima dell'esilio a Babilonia. Questo lungo libro dell'Antico Testamento getta le fondamenta bibliche di quell'adorazione in spirito e verità di cui stiamo parlando; per questa ragione ci soffermeremo a considerarlo in modo più dettagliato.

Capitolo quarto

L'adorazione nei Salmi

Il libro dei Salmi – il cui significato letterale è "canti di lode", dalla parola ebraica *tehillim* – contiene 150 brani di quella che potremmo chiamare poesia spirituale, divisi in cinque raccolte o "mini – libri" – dall' 1 al 41, dal 42 al 72, dal 73 al 89, dal 90 al 106 e dal 107 al 150. Ciascuna di queste raccolte si chiude con una "dossologia", cioè con un'affermazione di lode al Signore – si veda, per esempio, Salmo 41:13 – ed il Salmo 150 sembra essere una dossologia dell'intero libro dei Salmi.

La maggior parte degli studiosi ritiene che i Salmi furono raggruppati in questi cinque libri per poterli usare nelle funzioni che si svolgevano nel secondo tempio – il tempio che venne ricostruito a Gerusalemme da Neemia, dopo il ritorno del popolo dall'esilio.

Molto probabilmente i Salmi 137 e 126 sono stati scritti durante quel periodo, mentre la maggior parte degli altri Salmi dovrebbe esser stata scritta molto prima dell'esilio, al tempo dei re.

Questo significa che dal libro dei Salmi possiamo apprendere come, mille anni prima della nascita di Cristo, il popolo di Israele adorasse il Signore.

E' possibile che le cinque raccolte siano state selezionate da altre già esistenti in precedenza – forse dagli "innari" di Asaf (si veda 50 e 73-83), dei figli di Core (si veda 42, 49, 84-85 e 87-88), di Davide (si veda 3-41 e 51-72), e da spartiti di canzoni cantate in occasioni speciali, come per il pellegrinaggio annuale a Gerusalemme (si veda 120-134), e per la cena pasquale (si veda 105-107, 111-118, 135-136 e 146-150).

Il fatto che alcuni Salmi presentino delle forti similitudini tra di loro sembra provare l'esistenza simultanea di altre

Adorare in spirito e verità

precedenti raccolte – si veda, ad esempio, Salmo 14 e 53, 40:13-17 e 70, 108, 57:7-11 e 60:5-12.

Nel libro *Conoscere il Padre* consideriamo l'importanza di comprendere i significati del nome di Dio. Questo è un elemento centrale nel libro dei Salmi, poiché, più di ogni altro libro della Bibbia, rivela aspetti e qualità del nome e della natura di Dio. Sembra, infatti, che le cinque raccolte del libro dei Salmi fossero state composte in base ai nomi di Dio: per esempio, i libri 1, 4 e 5 si concentrano quasi esclusivamente sull'adorazione di Yahweh, mentre i libri 2 e 3 sull'adorazione di *Elohim*.

I titoli dei Salmi
Nella maggior parte delle Bibbie quasi tutti i Salmi hanno un titolo. Sebbene questi titoli non facessero parte del testo originale, essi conservano, comunque, il tradizionale pensiero ebraico sui Salmi.

Alcuni titoli contengono delle istruzioni musicali, ad esempio, Michtam nei Salmi 56-58 probabilmente significa "cantare a voce bassa". Altri titoli stabiliscono la melodia da utilizzare, come ad esempio il Salmo 56 "La colomba silenziosa in terre lontane", il Salmo 57 "non distruggere", e il Salmo 60 "Il giglio della testimonianza". Alcuni altri titoli indicano gli strumenti musicali che devono essere suonati – si vedano, per esempio, i Salmi 4, 5 e 6.

Alcuni titoli collegano il Salmo ad una persona specifica, ad esempio il Salmo 88 ad Eman, il Salmo 89 a Etan ed il 90 a Mosè. Altri ancora, definiscono il tipo di Salmo: il Salmo 145 è, per esempio, definito un Salmo di lode, il Salmo 100 di ringraziamento, il Salmo 89 di contemplazione, il Salmo 90 di preghiera, il Salmo 45 un cantico d'amore, e così via. Ci sono poi altri titoli che collegano il salmo a un evento specifico – si veda il Salmo 50, 51, 54, 56 e 57.

I Salmi di David
Non sappiamo cosa significhino esattamente alcuni dei

L'adorazione nei Salmi

tradizionali titoli dei Salmi. Ad esempio, la frase "Un Salmo di Davide" (che appare nel titolo di 73 Salmi), potrebbe in alcuni casi significare che il Salmo è stato scritto per Davide, in altri che è stato scritto da Davide, in altri ancora, potrebbe significava che facesse parte di una collezione rilasciata dal palazzo reale.

Il passo di 1 Samuele 16:16-23 ci dice che Davide era un musicista e un poeta pieno di talento, e i versi di 1Cronache 25:1-8 rivelano il suo grande interesse per la musica profetica. E' fortemente probabile, perciò, che sia stato proprio lui a scrivere molti dei Salmi a lui tradizionalmente attribuiti. Il Salmo 18, infatti, altro non è che una versione leggermente modificata di un cantico da lui composto, che si trova in 2 Samuele 22. Molti di questi Salmi sono legati a dei particolari eventi della vita di Davide, e sembrano riportare i sentimenti vissuti in quei momenti e la reazione avuta verso il Signore. Possiamo, ad esempio, osservare il legame tra:

- Il Salmo 59 e 1 Samuele 19:11-24
- Il Salmo 34 e 1 Samuele 21
- I Salmi 57 e 142 e 1 Samuele 22:1-5 e 24:3-15
- Il Salmo 52 e 1 Samuele 22
- Il Salmo 54 e 1 Samuele 23:19-29
- Il Salmo 63 e 1 Samuele 24:1-2,22 e 2 Samuele 15:13-37
- Il Salmo 60 e 2 Samuele 8:13
- I Salmi 32 e 51 e 2 Samuele 11-12
- Il Salmo 3 e 2 Samuele 15:13-37
- Il Salmo 18 e 2 Samuele 22

Tipi di Salmi

I Salmi sembrano esprimere la molteplicità dei nostri sentimenti e delle nostre esperienze, dall'estremità di una depressione profonda a quella di una gioia incontenibile. Alcuni Salmi

Adorare in spirito e verità

(come il 145 e il 150) rappresentano dei meravigliosi inni di lode al Signore, e sono delle canzoni che possono essere cantate e recitate da chi si sente in pace con Dio e con il mondo. Altri Salmi, invece, danno voce a dei momenti più bui e dolorosi della vita umana.

Salmi come il 51 e il 130 possono essere meditati da chi riconosce che il suo peccato è la causa del suo problema. Mentre altri come il Salmo 13 e il 71 esprimono i sentimenti di chi rivendica la propria innocenza e l'ingiustizia della sofferenza che sta vivendo.

Molti altri Salmi – si veda il Salmo 44, 74, 80 e 83 – danno la possibilità all'intera nazione di invocare insieme il Signore in un momento di calamità o di incertezza nazionale. Altri ancora, come il Salmo 45, permettono al popolo di festeggiare insieme un grande evento come, per esempio, quello di un'incoronazione o di un matrimonio reale.

Alcuni, come i Salmi 30, 92 e 116, sono delle canzoni che consentono alle persone di manifestare la loro gratitudine verso Dio per essere stati liberati dalla prova che stavano vivendo.

Vi sono Salmi che esprimono delle suppliche a Dio ed altri che cantano le sue lodi. Ci sono richieste di perdono come anche richieste perché i propri nemici siano distrutti; preghiere per il re, e preghiere per la nazione. Vi sono dei Salmi che considerano i problemi della vita e dei Salmi che celebrano la grandezza della legge di Dio. In molti troviamo un insieme di temi diversi, ma la caratteristica principale di ognuno di loro è che tutti facevano parte della vita d'adorazione del popolo di Dio.

Le poesie ebraiche
Se vogliamo capire correttamente il libro dei Salmi e far sì che ci sia di aiuto all'adorazione, dobbiamo riconoscere che si tratta di una raccolta di poesie ebraiche, ispirate dallo Spirito Santo, utilizzata durante l'adorazione. I Salmi non sono sermoni da leggere, né trattati dottrinali da discutere, ma canzoni da

L'adorazione nei Salmi

cantare. Infatti, molti studiosi ritengono che il libro dei Salmi sia come l'innario ufficiale del secondo tempio, suddiviso in cinque volumi.

Molte persone oggi pensano che la poesia sia piuttosto antica e intellettuale. La poesia ebraica, tuttavia, era molto più vicina al linguaggio attuale che alla poesia moderna. Per esempio, il modo in cui Giudici 5:30 usa la ripetizione per dare rilevanza ed importanza al testo, è molto simile a quello in cui Winston Churchill la usò nei suoi celebri discorsi tenuti in tempo di guerra.

La poesia ebraica si distingue dalla nostra principalmente per l'uso del parallelismo, che può essere definito come il rieccheggiare del pensiero contenuto in un verso nel verso successivo, ad esso legato – si veda, per esempio Numeri 23:19. Questa tecnica in qualche modo da' una grande dignità al testo e crea una sensazione di ampiezza che lascia del tempo affinché il pensiero abbia un impatto sull'ascoltatore. Inoltre, consente al poeta di parlare di più di un solo aspetto seppur dello stesso argomento, come in Isaia 55:8.

Alcune caratteristiche della poesia ebraica si perdono completamente con la traduzione. Il Salmo 119, per esempio, è una poesia alfabetica, con 22 strofe di uguale lunghezza, corrispondente a 8 versi moderni, ognuno dei quali inizia con una delle 22 lettere dell'alfabeto ebraico; anche i Salmi 34, 111, 112 e 145 utilizzano la stessa tecnica.

Tuttavia, il *parallelismo* e l'uso di un *ritornello* – si veda Salmo 46 e 136 – riescono a sopravvivere a qualunque traduzione; li troviamo in tutti i Salmi, permettendoci, così, oggi, di ricevere delle parole poetiche tanto potenti, rilevanti e indimenticabili quanto lo sono state tre mila anni fa quando furono scritte per la prima volta a lode del Signore.

Inni di lode
Sebbene si possa dire che ogni Salmo è una poesia dedicata all'adorazione, è possibile distinguere tre forme principali di poesia – canti, lamentazioni e ringraziamenti.

Adorare in spirito e verità

I Salmi 8, 19, 29, 33, 46-48, 76, 84, 87, 93, 96-100, 103-106, 113-114, 117, 122, 135-136 e 145-150 sono niente più che inni di lode, simili a quelli che ancora oggi cantiamo.

Solitamente, i Salmi chiamati inni iniziano con un invito a lodare Dio.

Il resto del testo, poi, suggerisce alcuni motivi di lode, e descrive le meraviglie di Dio nella creazione e nella storia (specialmente l'opera di salvezza del suo popolo). Normalmente, l'inno termina con l'invito con cui è iniziato, o con una breve preghiera.

Alcuni inni – si veda il Salmo 46, 48, 76, 84, 87 e 122 – si concentrano sulla gloria della città santa, Sion o Gerusalemme, e ne parlano profeticamente, sia come la dimora di Dio, che come meta di pellegrinaggio.

Altri, – si veda il Salmo 47, 93, 96-98 - usano un linguaggio profetico per celebrare l'universale sovranità e l'assoluta signoria di Dio.

Lamentazioni sulla sofferenza
Un intero gruppo di Salmi è caratterizzato dal parlare direttamente a Dio, invece che dal descrivere e acclamare la sua gloria.

Solitamente, questi lamenti poetici cominciano invocando Dio, aggiungendo, poi, una richiesta di aiuto, una preghiera, o un'espressione di fiducia in lui. Il loro testo descrive, di solito, le difficoltà di chi sta scrivendo, attraverso l'uso di immagini per quell'epoca rilevanti – per esempio, le acque dell'abisso, i lacci della morte, le lotte selvagge, le ossa rotte, un battito del cuore all'impazzata, e così via.

Alcune lamentazioni – si veda il Salmo 7, 12, 26 - contengono rivendicazioni d'innocenza, oppure proteste per un'apparente assenza o dimenticanza di Dio – si veda il Salmo 9-10, 22, 44. Altri esprimono fiducia durante le difficoltà – si veda il Salmo 3, 5, 42-43, 55-57, 63,130.

Solo pochi di questi Salmi sono costituiti da un unico, lungo appello a Dio – si veda il Salmo 4, 11, 16, 23, 62, 121, 125, 131.

L'adorazione nei Salmi

Molti di essi terminano con il riconoscimento che la richiesta è stata ascoltata, e con un ringraziamento a Dio per la sua risposta – si veda il Salmo 6, 22, 69, 140.

Alcune lamentazioni esprimono una disperazione collettiva a causa di una catastrofe nazionale – si veda il Salmo 12, 44, 60, 74, 79, 80, 83, 85, 106, 123, 129, 137 – e supplicano Dio di salvare e di ristorare il suo popolo.

La maggior parte di loro, tuttavia, esprime una disperazione individuale per il problema della morte, della persecuzione, dell'esilio, della vecchiaia, della malattia, della calunnia, e così via. Salmi come 3, 5-7, 13, 17, 22, 25, 26, 28, 31, 35, 38, 42-43, 51, 54-57, 59, 63-64, 69-71, 77, 86, 102, 120, 130 e 140-143 sono stati scritti per esprimere bisogni individuali – anche se venivano spesso cantati collettivamente.

Canzoni di ringraziamento
Anche se abbiamo visto che ci sono alcune lamentazioni che terminano con un'espressione di gratitudine verso il Signore, molti sono i Salmi che hanno il ringraziamento come tema principale – si veda il Salmo 18, 21, 30, 33, 34, 40, 65-68, 92, 116, 118, 124, l129, 138, 144.

Alcuni di questi Salmi esprimono un ringraziamento collettivo per un raccolto di successo o per uno scampato pericolo nazionale, mentre altri esprimono una personale gratitudine per la risposta di Dio alle loro preghiere.

Le tre forme di poesia viste finora non sono, tuttavia, da considerare come rigide divisioni. Alcuni Salmi, infatti, alternano al loro interno una o più di queste forme. Ad esempio, il Salmo 89 inizia come un inno di lode, continua in un lungo poema profetico, e termina con un lamento; il Salmo 119, invece, è sia un inno di lode alla Legge, sia un lamento individuale; alcuni lamenti, infine, sono preceduti da una preghiera – si veda Salmo 27, 31 – o seguiti da un ringraziamento – si veda Salmo 28, 57.

Adorare in spirito e verità

Salmi profetici

Il libro di 1 Cronache 25:1-3 ci suggerisce che, durante il regno di Davide, la musica, la lode e il ringraziamento profetici erano, insieme a salmisti che profetizzavano, parte integrante dell'adorazione.

Alcuni Salmi includono nel loro testo delle affermazioni profetiche, altri, invece, sono delle vere e proprie profezie messe in forma musicale – si veda il Salmo 2, 50, 75, 81-82, 85, 95, 110.

Sembra probabile che queste fossero delle profezie pronunciate da un profeta durante l'adorazione nel tempio, e che poi furono regolarmente usate durante i culti.

I Salmi che costituiscono inni di lode alla città santa e per la sovranità di Dio sono ovviamente di carattere profetico, poiché attendono il momento di un futuro rinnovamento – quello che era noto come "l'età messianica".

I più importanti dei Salmi profetici, tuttavia, sono i "Salmi del Re", che si trovano all'interno di tutti e cinque i libri. Questi includono:

- ◆ Dichiarazioni indirizzate al re – i Salmi 2 e 110
- ◆ Preghiere per il re – Salmi 20, 61 e 72
- ◆ Ringraziamenti per il re – Salmo 21
- ◆ Preghiere del re – Salmi 18, 28, 63 e 101
- ◆ Un canto per processioni reali – Salmo 132
- ◆ Un inno del re – Salmo 144
- ◆ Un canto per un matrimonio reale – Salmo 45.

Alcuni di questi Salmi potrebbero essere stati scritti solo riguardo a un particolare re d'Israele o di Giuda, al tempo dei re; i Salmi 2, 72 e 110, per esempio, potrebbero essere stati composti come inni da cantare durante un'incoronazione. Tuttavia, sono Salmi che guardano anche ad un altro re, oltre il re di quel momento, poiché affermano che egli è un figlio di Dio, che il suo regno non ha fine e che si estende fino ai confini

L'adorazione nei Salmi

della terra, che stabilirà una pace continua e la giustizia, e che sarà il salvatore del suo popolo.

Questi Salmi erano regolarmente cantati, e ciò manteneva viva nel popolo la speranza che le promesse fatte a Davide sarebbero state mantenute – come meglio approfondito nel libro *Salvezza per Grazia* e *Conoscere il Figlio*. Il fatto che continuassero ad essere cantati molto tempo dopo la fine della monarchia, dimostra quanto Israele fosse in attesa di un re, il *Messia*, che avrebbe adempiuto queste profezie.

Nessun libro dei Salmi menziona esplicitamente il nome del *Messia*, ma i Giudei credevano che alcuni di questi contenessero dei riferimenti a lui. Gli scrittori del Nuovo Testamento erano convinti che questi Salmi, infatti, si riferissero a Gesù come al *Messia* profetizzato.

Salmi come il 2, il 72 e il 110 descrivono la figura di un re-sacerdote-giudice ideale, figura mai pienamente realizzata da nessuno dei re di Israele o di Giuda. Solo il *Messia* riunisce questi ruoli in quell'eterno e universale regno di pace e di giustizia profetizzato nella poesia dei Salmi.

Altri Salmi profetici parlano di alcune sofferenze descrivendole in modi che potrebbero farle sembrare esagerate; tuttavia, queste si sono poi rivelate accurate descrizioni delle reali sofferenze di Cristo.

Su ispirazione dello Spirito di Dio, i salmisti profetici usarono delle parole ripiene di un profondo significato. Il Salmo 22, le cui parole Gesù citò sulla croce – si veda Matteo 27:46 – ne è l'esempio più eclatante: il versetto 16 può essere chiaramente letto in Giovanni 20:25 e il versetto 18 in Marco 15:24. Il Salmo 69:21 ne è un altro esempio, come si può leggere in Matteo 27:34 e 48.

Gli scrittori del Nuovo Testamento citarono molti Salmi ritenendoli riferimenti profetici a Gesù, come per esempio:

- ◆ Salmo 2:7 – Atti 13:33
- ◆ Salmo 8:6 – Ebrei 2:6-10
- ◆ Salmo 16:10 – Atti 2:27 e 13:35

Adorare in spirito e verità

- Salmo 22:8 – Matteo 27:43
- Salmo 40:7-8 – Ebrei 10:07
- Salmo 41:9 – Giovanni 13:18
- Salmo 45:6 – Ebrei 1:8
- Salmo 69:9 – Giovanni 2:17
- Salmo 110:4 – Ebrei 7:17
- Salmo 118:22 – Matteo 21:42
- Salmo 118:26 – Matteo 21:9 .

Alcuni studiosi ritengono che molti altri Salmi, non solo quelli definiti "del Re", siano riferimenti a Gesù. Ad esempio sostengono che il Salmo 8, 16, 22, 35, 40, 41, 68, 69, 97, 102, 118 e 119 in qualche modo anticipassero Cristo, e che tutti i Salmi sulla città santa e sul regno di Dio si riferiscano alla mente e alla missione di Cristo.

Alcune criticità
Molti credenti si rallegrano nel leggere la maggior parte del contenuto dei Salmi, ma indietreggiano davanti ad altre. Ad esempio, nel Salmo 139, apprezzano le espressioni di gioia dei versetti 1-18 e 23-24, ma sono turbati dai versi 19-22.

Sembra che ci siano due particolari criticità all'interno dei Salmi:

- La giustificazione di se stessi
- La tendenza ad invocare una terribile vendetta.

Non per questo possiamo ignorare quelle parti più difficili da comprendere, perché appartengono alla Parola di Dio tanto quanto quelle parti che nessuno oserebbe mettere in discussione. Non possiamo tantomeno spiegarle semplicemente affermando che i loro autori non avessero ancora avuto la rivelazione di Gesù. Essi, infatti, avevano la legge di Dio, erano consapevoli che nessuno poteva essere perfetto secondo i suoi standard, e che erano chiamati a

L'adorazione nei Salmi

comportarsi in modo amorevole verso gli altri, inclusi i loro nemici; sapevano, inoltre, che la legge stabiliva severi limiti per la vendetta.

L'auto-giustificazione
Dobbiamo comprendere come, quelle degli autori dei Salmi, fossero delle rivendicazioni comparative in quanto alla giustizia, e non assolute: le facevano ponendosi a confronto, infatti, con le persone intorno a loro, e non con Dio. In questo senso riconoscevano la grande differenza tra chi cercava di ubbidire alla Legge di Dio e di fare la sua volontà, e chi la ignora, disubbidendovi.

Quando si confrontavano con la santità di Dio, gli scrittori, tuttavia, erano ben consapevoli del loro peccato: possiamo ben vederlo in quelli noti come i 7 Salmi "penitenziali" – si veda il Salmo 6, 32, 38, 51, 102, 130, 143. Oltre l'auto-giustificazione c'era anche un profondo pentimento per il proprio peccato, tanto quanto ci sono oggi in quei credenti che guardano al mondo con orrore e a Dio con soggezione.

Dobbiamo anche comprendere che gli scrittori spesso vestivano i panni dei "querelanti indignati", che presentavano il loro caso davanti a Dio come giudice. Il loro tono può non sembrarci appropriato, ma il loro punto di vista è corretto.

La vendetta
In molti Salmi gli autori maledicono gli empi e invocano una vendetta su di loro; questo è il motivo per cui oggi, alcuni credenti, ne prendono le distanze e condannano il loro contenuto come assolutamente "non-cristiano". E' importante comprendere, però, che la conoscenza che gli scrittori avevano di Dio era di un Dio perfettamente santo, che non poteva guardare il male, né tollerare alcuna violazione. Invocavano vendetta, quindi, in base a ciò che conoscevano del suo carattere e della sua natura: pensavano, giustamente, che la sua santità richiedesse un'adeguata e punitiva risposta al peccato.

Adorare in spirito e verità

Gli autori dei Salmi non volevano che Dio punisse gli empi perché li avevano infastiditi, ma perché sapevano che Dio doveva agire in modo coerente alla sua santità – questo è un aspetto che viene dettagliatamente considerato nei libri *Conoscere il Padre* e *Salvezza per Grazia*.

Dobbiamo anche riconoscere che gli scrittori erano realisti nel pensare che il bene non potesse trionfare senza che il male fosse sconfitto, e senza che ciò che è sbagliato fosse condannato. Se troviamo conforto nel pregare "Venga il tuo regno", non dovremmo allora trovarci a disagio nel cantare un salmo che spieghi cosa effettivamente signifchi! Moltissimi di questi cosiddetti passi "difficili" altro non sono che anticipazioni profetiche del libro dell'Apocalisse.

L'adorazione e i Salmi

Abbiamo visto che il libro dei Salmi costituiva l'innario dell'Antico Testamento. È pieno di canti spirituali che il popolo di Dio ha usato per oltre mille anni nella lode, nell'adorazione e nel ringraziamento.

Tutte le grandi feste dedicate a Yahweh venivano celebrate con canti e danze, come vediamo in Giudici 21:19-21 e 2 Samuele 6:5-16; mentre in Amos 5:23 possiamo vedere come anche l'offerta dei sacrifici fosse accompagnata dal canto.

Abbiamo visto come molti titoli dei Salmi contengano istruzioni liturgiche o musicali, e la misteriosa parola selah serviva a guidare l'utilizzo del Salmo durante l'adorazione. Nessuno sa cosa significhi la parola selah, ad esempio, nei seguenti Salmi: 66:4,7,15, 68:7,19,32, 89:4,37,45,48, 140:3,5,8. Alcuni sostengono che fosse un invito rivolto alla congregazione a cantare più forte; altri sostengono che indicasse l'interruzione del canto per un momento, mentre i musicisti continuavano a suonare.

I Salmi 20, 26, 27, 66, 81, 107, 116, 134 e 135 fanno un esplicito riferimento all'adorazione collettiva, in luoghi di culto. Si comprende chiaramente come questi Salmi – si veda anche Salmo 48, 65, 95, 96, 118 – venissero cantati nei cortili del

L'adorazione nei Salmi

tempio; altri Salmi, come il Salmo 84 e dal 120 al 134, venivano molto probabilmente cantati durante il pellegrinaggio o il cammino verso il tempio.

E' piuttosto probabile che alcuni Salmi – si veda il Salmo 125, 128, 129 – siano stati modificati con l'aggiunta di una benedizione per essere usati durante il culto, mentre altri erano usati in occasioni particolari – si veda il Salmo 92, nel giorno del sabato e il Salmo 30, nella festa della dedicazione.

L'importanza dei Salmi
I Salmi costituivano il "mezzo" principale di adorazione del popolo di Dio nell'Antico Testamento. Dio ispirò uomini a scrivere parole che aiutassero i suoi figli ad avvicinarsi a lui in qualunque situazione della loro vita.

Anche Gesù cantò e usò i Salmi in vario modo, come fecero i suoi discepoli, come anche Paolo, gli apostoli, e i membri della chiesa primitiva. Alcuni dei grandi cantici di lode del Nuovo Testamento sono proprio modellati sull'esempio dei Salmi – si veda Luca 1:46-55, 68-79, 2:29-32.

I Salmi furono d'ispirazione agli apostoli durante la loro persecuzione, e furono, altresì, una parte integrante del loro messaggio – si veda Atti 2:25-28, 4:25-26, 13:33. La chiesa primitiva li usò per gettare le fondamenta del proprio credo riguardo Gesù – si veda Ebrei 1:6, 10-13, 2:6-8, 5:6, 10:5-7.

Nel corso dei secoli, i cristiani hanno iniziato a interpretare i Salmi alla luce della rivelazione della croce, e a utilizzarli sia nell'adorazione pubblica che privata. Anche nella maggior parte delle chiese di oggi viene letto o cantato, durante il culto, almeno un Salmo.

Questi canti di lode, questi lamenti e poesie di ringraziamento, che risalgono a più di tremila anni fa, sembrano avere una rilevanza universale, poiché descrivono la disposizione che tutti i credenti dovrebbero avere verso il Signore.

Per i cristiani, tuttavia, i Salmi hanno un significato ancora più profondo, poiché con essi possono lodare e ringraziare

Adorare in spirito e verità

Dio per essersi rivelato pienamente nella persona di Gesù, per averci redento in Cristo, e per averci dato l'unzione dello Spirito Santo. Quella speranza di cui Israele cantava nel passato è stata realizzata: il Messia è venuto, egli regna, e noi siamo chiamati ad adorarlo.

Capitolo quinto

L'adorazione nel Nuovo Testamento

Tutti e quattro i Vangeli mostrano come anche Gesù e i suoi discepoli abbiano seguito il modello di adorazione dell'Antico Testamento, osservando il sabato, celebrando le festività, cantando i Salmi, e partecipando all'adorazione sia nel Tempio di Gerusalemme sia nelle sinagoghe Locali.

I riferimenti che troviamo in Matteo 4:23, 9:35 e in Marco 1:21 ci informano che Gesù insegnò nelle sinagoghe di tutte le città e i villaggi della regione.

L'apostolo Luca inizia e termina il suo vangelo con un racconto ambientato nel tempio – si veda Luca 1:5-22, 24:5-53; l'apostolo mostra anche come, sempre nel tempio, Dio avesse rivelato la sua parola e la sua volontà quando Gesù fu dedicato – si veda Luca 2:22-38; evidenzia, infine, il coinvolgimento di Gesù nelle sinagoghe e nei culti che si celebravano nel tempio – si veda Luca 4:1-38, 44, 6:6, 13:10, 20:1.

Il vangelo di Giovanni è quasi interamente incentrato sulle festività ebraiche, dividendo, in base ad esse, il racconto della vita di Gesù. Dopo aver descritto la prima settimana del suo ministero, l'apostolo Giovanni scrive, in sequenza, riguardo ai seguenti avvenimenti della vita di Gesù: la celebrazione di una Pasqua – si veda Giovanni 2:13-4:54; una festività non esattamente specificata, probabilmente quella dei Purim – si veda Giov 5:1-47; una seconda Pasqua – si veda Giov 6:1-71; la festa dei Tabernacoli – si veda Giov 7:1-10:21; la celebrazione di una festa della Dedicazione – si veda Giov 10:22-11:57; una terza Pasqua – si veda 13:1-19:4. Nel libro *Conoscere il Figlio* si considera come il Vangelo di Giovanni ponga una grande enfasi nel presentare Gesù come il compimento di tutte queste importanti festività.

Adorare in spirito e verità

Molti passi del libro di Atti – si veda Atti 2:46, 3:1, 8, 5:12, 21 – ci aiutano a capire come, anche dopo la Pentecoste, i primi credenti continuassero a recarsi al tempio e nelle sinagoghe per adorare. All'inizio del libro si legge di una sorta di vita comunitaria in cui i primi credenti vivevano. Come comunità di credenti:

- ◆ Adoravano insieme nel tempio
- ◆ Facevano generose donazioni (come vedremo al capitolo 7)
- ◆ Mangiavano insieme nelle case gli uni degli altri.

Da alcuni passi – si veda Atti 2:42-47 – si apprende come il loro culto fosse incentrato sulla preghiera collettiva e sul rompere insieme il pane. Queste attività contribuivano a costruire una stretta comunione fra loro e a riconoscere di essere uno in Cristo – tema approfondito nel libro Gloria nella Chiesa.

L'importanza della preghiera collettiva nell'adorazione può essere vista attraverso tutto il libro degli Atti – si veda Atti 1:14-15, 2:42, 3:1, 4:24-25, 6:6, 12:12, 13:1-2 – come meglio analizzato nel libro Preghiera Efficace. Questi passi non ci dicono in che modo il "pane fosse rotto" tra i credenti, o se questa fosse la celebrazione della "Cena del Signore", ma senza dubbio affermano che era qualcosa che accadeva quasi quotidianamente, e che era legata alla partecipazione all'adorazione nel tempio.

Nel tempo, tuttavia, il forte antagonismo dei Giudei nei confronti dei discepoli causò la rottura tra la chiesa primitiva e l'ebraismo ufficiale. Questo significò che la Chiesa dovette sviluppare delle nuove forme di culto, non basate su rituali ebraici, non celebrate nel giorno di sabato o all'interno del tempio.

L'adorazione nella chiesa primitiva

Sebbene Atti 2:46 parli di culti che si tenevano quotidianamente, il riferimento che troviamo in Atti 20:7 suggerisce che la Domenica, (il Giorno del Signore, giorno della sua risurrezione) iniziò a sostituire il Sabbat, (il giorno in cui Dio si riposò dalle sue opere), come giorno dedicato all'adorazione.

Il Nuovo Testamento non accenna a eventuali celebrazioni che commemorassero la nascita di Gesù, la sua resurrezione, la sua ascensione, o il dono dello Spirito Santo; riporta chiaramente, invece, come la chiesa primitiva fosse attenta nel celebrare la morte di Gesù, ricordandola con la cena del Signore – come approfondito nel libro *Conoscere il Figlio*.

In seguito alla rottura con l'ebraismo, la chiesa primitiva s'iniziò a raccogliere nelle case e nei luoghi aperti per riunirsi ad adorare. I culti erano generalmente semplici, e sembra consistessero principalmente nella lode, nella preghiera, nella lettura dell'Antico Testamento e nell'ascoltare insegnamenti sulla fede.

Salmi, inni e cantici
In Efesini 5:19, l'apostolo Paolo esorta i credenti a parlarsi reciprocamente con "Salmi, inni e cantici spirituali". Possiamo supporre che i Salmi a cui Paolo faceva riferimento fossero quelli dell'Antico Testamento, ma non possiamo dire con esattezza quale sia la provenienza o l'eventuale differenza con gli altri due.

E probabile che gli "inni" fossero delle canzoni note e conosciute a quel tempo e cantate collettivamente; mentre i "cantici spirituali" potrebbero essere stati canti nati spontaneamente, di natura profetica, ispirati dallo Spirito Santo e cantati individualmente, (o forse lodi che tutti insieme cantavano in lingue).

Il verso in 1 Corinzi 14:26 mostra come il canto fosse regolarmente parte dell'adorazione nella chiesa, probabilmente seguendo l'usanza delle sinagoghe ebraiche.

Riguardo a questo tema, il libro *Conoscere il Figlio* approfondisce i passi biblici di Filippesi 2:6-11, Colossesi 1:15-20 e 1 Timoteo 3:16. La maggior parte degli studiosi è concorde nel pensare che questi ultimi siano estratti di primi inni cristiani che lodavano e glorificavano la persona di Cristo.

Adorare in spirito e verità

E possibile che anche il verso in Efesini 5:14 provenga da un altro inno cristiano, un inno che esortava i credenti all'azione.

Il ministero della Parola
Anche se le lettere di Paolo erano indirizzate essenzialmente a credenti non-giudei, i cosiddetti "Gentili", esse contenevano molti riferimenti alle Scritture ebraiche, all'Antico Testamento.

Per questa ragione, sembra legittimo supporre che una regolare lettura delle Scritture, (a quel tempo solo l'Antico Testamento), fosse parte essenziale del culto nella Chiesa primitiva. Infatti, nella sua prima lettera a Timoteo – si veda 1 Timoteo 4:13, Paolo lo esorta a dedicarsi alla lettura pubblica delle Scritture, al loro insegnamento e alla predicazione.

Da un certo momento a seguire, le autorità della chiesa iniziarono a leggere pubblicamente quelle lettere e quei Vangeli che oggi compongono il "Nuovo Testamento". Nella prima lettera ai Tessalonicesi – si veda 1 Tes 5:27, Paolo chiede che le sue lettere vengano lette pubblicamente nelle chiese da lui indirizzate, e nella lettera scritta ai Colossesi – si veda Cl 4:16, esorta le chiese a scambiarsi le lettere da lui ricevute, e, presumibilmente, anche a leggerle pubblicamente.

La seconda lettera ai Tessalonicesi – si veda 2 Tes 2:15, mostra come Paolo si aspettasse che i credenti continuassero quelle tradizioni che erano state loro insegnate dagli apostoli, oralmente o per iscritto. La lettera a Timoteo – si veda 1Tim 5:18, ci fa capire che Paolo stava riportando delle parole di Gesù, che troviamo scritte nel vangelo di Luca, già citandole come "Scrittura".

Osservando la chiesa primitiva, sembra, quindi, che nei culti già venissero letti i racconti della vita di Gesù e i suoi insegnamenti, e che ci fosse già una forma d'insegnamento o di istruzione.

Strettamente legata alla lettura delle Scritture era l'usanza di spiegare la Parola attraverso la predicazione e l'insegnamento – si veda Atti 5:42, 15:35, 20:7. Tuttavia, sebbene sia chiaro da passaggi come quello che troviamo nel libro degli Atti – si veda

L'adorazione nel Nuovo Testamento

Atti 20:7-11, che la predicazione fosse parte del culto, le lettere di Paolo sembrano anche suggerire la presenza di alcuni tipi di insegnamento nella forma di brevi dichiarazioni dottrinali, che i credenti erano chiamati a memorizzare e a pronunciare insieme. Potremmo chiamarle "affermazioni confessionali" o "dichiarazioni di fede".

Questo è stato il modo principale attraverso cui alcune chiese hanno tramandato ed insegnato la fede attraverso i secoli, aiutando soprattutto coloro che avessero difficoltà nella lettura, nella scrittura e che avessero uno scarso accesso alla letteratura. La recitazione di queste "dichiarazioni di fede" è la base della maggior parte della liturgia tradizionale, ancora oggi usata nelle chiese anglicane e cattoliche, ed è un approccio che anche molte chiese moderne stanno cominciando a riscoprire.

In brani come Romani 10:9 e Filippesi 2:11 l'apostolo Paolo cita brevi confessioni o dichiarazioni come, per esempio, "Gesù è il Signore". Nella lettera ai Romani, ai Corinzi e ai Filippesi – si veda Rom 6:17, 1 Cori 15:1-2, Fili 2:16, l'apostolo sembra far riferimento a un nucleo centrale di insegnamenti cristiani. Molti studiosi ritengono che il brano in 1 Corinzi 15:3-8 rappresenti un esempio di "dichiarazione di fede", che i credenti avrebbero imparato e quindi recitato durante il culto.

In altri luoghi – per esempio in Efesini 4:5, Filippesi 1:27, Colossesi 1:5, 2:6-7 e 2 Tessalonicesi 2:12 – l'apostolo Paolo sembra usare le parole "la fede" e "la verità" come per riferirsi a qualcosa di più che all'atto del credere, e nella lettera ai Galati – si veda Gal 1:8, lo chiama "il mio Vangelo" per contrastare la presenza di falsi vangeli.

Tutto questo ci aiuta a comprendere che l'adorazione nella Chiesa primitiva era anche fatta di semplici dichiarazioni di fede, le quali hanno contribuito a edificare la fede, a costruire unità, e a istruire le persone riguardo la verità della morte e risurrezione di Gesù.

Adorare in spirito e verità

Preghiere
Nei libri *Preghiera Efficace* e *La gloria nella Chiesa* si studiano in modo approfondito le preghiere dell'apostolo Paolo, sia quelle che fece per sé stesso che per altri, e viene osservata l'importanza delle diverse forme di preghiera, guardando alla vita di Gesù e della chiesa primitiva – la preghiera di supplica, di intercessione, di combattimento, ecc.

Nella lettera ai Corinzi – si veda 1 Cor 1:2, Paolo mostra come "invocare il nome del Signore" nella preghiera sia una delle caratteristiche principali dei veri cristiani, e nelle lettere ai Colossesi e ai Tessalonicesi – si veda Cl 4:2, 1 Tes 5:25, incoraggia le persone a persistere nella preghiera.

L'apostolo Paolo sottolinea in modo particolare l'importanza del ringraziamento. E possibile vederlo, per esempio, nei brani di 1 Corinzi 14:16, Filippesi 4:6 e Colossesi 4:2. Questo ci suggerisce che, nell'adorazione della chiesa primitiva, la preghiera era caratterizzata da una gioiosa gratitudine per l'incredibile grazia e bontà che Dio aveva mostrato in Cristo.

Nelle lettere ai Romani, ai Corinzi, e ai Galati – si veda Rom 8:15, 1 Cor 16:22, 2 Cor 1:20, Gal 4:6, Paolo mostra come le seguenti parole, che non avevano origine greca, fossero ampiamente utilizzate nel culto della chiesa primitiva (è importante ricordare che il greco era la lingua comune dell'epoca):

- *Amen* – "così sia" – afferma l'affidabilità delle promesse di Dio

- *"Maranatha"* – "oh Signore, vieni" – afferma la fede nel ritorno del Signore

- *Abba* – "papà" – afferma la natura di Dio come Padre.

Ciò fa capire come queste parole aramaiche fossero utilizzate durante il culto, in pratica allo stesso modo in cui vengono usate oggi.

Le lettere dell'apostolo Paolo sono lettere di istruzione, correzione e di guida per le giovani chiese, e si occupano solo in modo generale dei temi dell'adorazione pubblica e privata.

L'adorazione nel Nuovo Testamento

L'apostolo non dà mai nessuna istruzione precisa riguardo l'adorazione, né stabilisce che abbia una forma particolare. Al contrario, Paolo invoca continuamente un'adorazione che sia semplice e libera, e stabilisce tutti i suoi insegnamenti sull'etica e sulla dottrina proprio basandoli su questo concetto di adorazione.

L'apostolo insegna molto sul "battesimo" e sulla "Cena del Signore", sempre collegando questi "sacramenti" a un'adorazione collettiva. Nel libro *Gloria nella Chiesa* vengono considerati in dettaglio, ma in questo contesto vogliamo riconoscere come siano sempre posti da Paolo nell'ambito del culto pubblico della Chiesa primitiva.

La libertà nell'adorazione

L'insegnamento più dettagliato che troviamo nel Nuovo Testamento riguardo l'adorazione si trova nella prima lettera di Paolo alla chiesa di Corinto – si veda 1 Cor 11:2-14:40, dove l'apostolo affronta una serie di problemi sorti in quella chiesa che stava conoscendo una rapida espansione.

Sembra che la chiesa avesse tentato di mettere in pratica gli insegnamenti di Paolo, ma che fossero insorte tre difficoltà (le stesse che hanno più volte turbato anche altre chiese nel corso dei secoli). Possiamo raggrupparle in queste categorie:

- ◆ Libertà e adorazione
- ◆ Etica e adorazione
- ◆ Doni spirituali e adorazione

Libertà
Sembra che l'apostolo Paolo avesse insegnato ai credenti della città di Corinto le stesse cose che aveva insegnato nelle chiese della zona rurale della Galazia. Due dei punti fondamentali di Paolo erano i seguenti:

- ◆ In Cristo non ci sono distinzioni tra classe, razza o genere – Galati 3:28

Adorare in spirito e verità

- Cristo ha dato ai credenti una nuova libertà – Galati 5:1.

In termini di adorazione collettiva, ciò significa che Paolo aveva permesso agli schiavi, ai Gentili e alle donne di prendere pienamente parte ad ogni ambito del ministero – cosa che era assolutamente contraria al costume ebraico di quel tempo.

La lettera ai Corinzi – si veda 1 Cor 11:2, mostra che questo era il senso delle "istruzioni" che aveva trasmesso alla chiesa di Corinto. Sembra che i membri della chiesa avessero osservato queste istruzioni, fraintendendo, però, la vera natura della libertà cristiana. Apparentemente, alcune donne – che stavano iniziando ad avere un ruolo di primo piano all'interno della chiesa – si comportavano in chiesa diversamente da come si comportavano tra i loro vicini pagani. Ad esempio, c'era l'usanza che le donne non apparissero in pubblico con i loro capi scoperti. I credenti di Corinto, tuttavia, affermavano di essere stati liberati dalle regole sociali, e che potevano, quindi, esprimere questa loro libertà nell'ambito della chiesa.

L'apostolo Paolo riconobbe che questo era un problema simile a quello che si era già creato nella chiesa riguardo al cibo acquistato nei tempi pagani. L'unica carne che si poteva comprare a Corinto veniva dalle carcasse degli animali che erano stati offerti in sacrificio nei vari tempi. Poiché i Giudei non avrebbero dato ai cristiani la loro carne, e poiché i cristiani non volevano conformarsi alle regole ebraiche, i membri della chiesa furono costretti a comprare la carne dai tempi pagani, o l'alternativa sarebbe stata di non comprarne affatto.

Alcuni credenti pensavano che fosse sbagliato mangiare questo tipo di carne, e che farlo significasse approvare e incoraggiare il culto pagano. Paolo affronta questo tema stabilendo 4 punti principali – si veda 1 Cor 8:1-11:1:

- I credenti sono liberi di mangiare cibo offerto a divinità pagane, perché queste divinità non esistono. Tuttavia, si deve agire con amore fraterno, cioè si deve avere attenzione per quei credenti che la pensano diversamente, e, in alcune occasioni, essere

L'adorazione nel Nuovo Testamento

pronti a rinunciare a quel cibo per amor loro.

◆ Si era espresso allo stesso modo anche riguardo un altro argomento. Sebbene egli avesse il diritto di essere sostenuto finanziariamente dai credenti, aveva volontariamente scelto di non usufruirne per permettere al suo messaggio di essere accettato e ricevuto da tutti i tipi di persone.

◆ I cristiani dovevano riconoscere che esistevano dei pericoli reali nel partecipare ad un culto pagano. Non potevano partecipare alla Cena del Signore un giorno e ad una festa pagana il successivo, senza che questo portasse gravi conseguenze spirituali.

◆ Il principio generale era di non fare nulla che fosse motivo di allontanamento o di offesa per altri credenti – anche quelle cose legittime in se stesse.

Nel caso delle donne della chiesa di Corinto, l'apostolo riteneva che questo loro comportamento fosse di offesa non tanto per altri credenti, quanto per la società che volevano raggiungere con il Vangelo. Suggerì, quindi, che per amore del vangelo e per il bene di un'efficace evangelizzazione, tutte le donne che avessero un ruolo pubblico nella chiesa avrebbero dovuto, durante il culto, attenersi al prevalente costume sociale, coprendo i loro capi.

Questa era l'approccio di Paolo. Nonostante egli sapesse che i credenti erano stati liberati dall'obbligo della circoncisione, si assicurò, per esempio, che Timoteo fosse circonciso, in modo tale da raggiungere i Giudei con il vangelo della libertà in modo più efficace – si veda Atti 16:3 –.

L'etica
L'apostolo Paolo era molto preoccupato per il modo in cui la chiesa di Corinto stava celebrando la Cena del Signore. Invece di attenersi alle istruzioni ricevute da Gesù, che Paolo stesso aveva loro trasmesso, i Corinzi sembravano aver trasformato il culto in una festa e in un'occasione di divertimento. Quando

celebravano insieme la cena del Signore, infatti, avevano preso l'abitudine di portare del cibo con sé, trasformando la riunione in feste private tenute tra vari gruppi di credenti, anziché riservare il luogo per queste feste alle proprie case.

Le stesse divisioni presenti all'interno della chiesa, che Paolo aveva denunciato e disapprovato, stavano condizionando l'intero culto. L'apostolo Paolo riteneva che le divisioni e gli inopportuni comportamenti durante la Cena del Signore stessero disonorando la commemorazione della Cena stessa e tutto il corpo di Cristo.

L'apostolo rimproverò i Corinzi di essere superficiali nei loro comportamenti, e denunciò questa come la ragione per cui avevano attirato il giudizio di Dio su di loro. In un passaggio importante di questa lettera – si veda 1 Cor 10-11, Paolo pone la cena del Signore nell'ambito del contesto della comunione fraterna. Come si vede nel libro Gloria nella Chiesa, *koinonia* – che significa "comunione" o "condivisione" - è una caratteristica fondamentale della Chiesa Cristiana, e al versetto 16 del capitolo 10 Paolo interpreta la Cena nei termini di koinonia, cioè della condivisione.

L'apostolo spiega come la Cena del Signore signifchi, in un certo senso, partecipare al sacrificio di Cristo. Infatti, proprio come i Giudei che partecipavano alla celebrazione della Pasqua rivivevano l'esperienza dell'esodo, così i credenti che partecipavano alla Cena del Signore si identificavano con il sacrificio di Cristo, e si impegnavano a portare avanti la sua missione.

Questo è il motivo per cui Paolo insiste sul fatto che sia moralmente impossibile partecipare, al tempo stesso, alla cena del Signore e a qualunque altra forma di idolatria – si veda 1 Cor 10:21. Se siamo uniti nella morte di Cristo attraverso la cena, allora non possiamo avere comunione con qualcosa che comprometta la nostra posizione in Cristo.

Il riferimento di Paolo ad un unico pezzo di pane da condividere durante la Cena – si veda 1 Cor 10:17, serve a evidenziare il fatto che la comunione cristiana comprenda

L'adorazione nel Nuovo Testamento

chiunque è in Cristo, e che tutti coloro che sono in Cristo sono uniti in un solo corpo. Quanto affermato dall'apostolo mostra che esiste un implicito, ma forte, requisito di unità, da cui derivano profonde implicazioni pratiche e morali nel condividere la Cena del Signore. Questo significa che non dovremmo accostarci alla Cena del Signore se non siamo in comunione con Cristo e con altri fratelli.

In un altro brano della stessa lettera, Paolo afferma che chi partecipa alla Cena del Signore senza discernere il corpo di Cristo è giudicato – si veda 1 Cor 11:29; probabilmente si riferisce a chi trascura la purezza del proprio corpo. Paolo mette in guardia ripetutamente i Corinzi contro il pericolo di avere comunione con chi vive nell'immoralità, e questo dimostra la serietà con cui Dio vede koinonia, la comunione fraterna.

I toni con cui Paolo parla della comunione fraterna, durante la Cena del Signore, furono anche determinati dal modo errato in cui i Corinzi si approcciavano al pasto. L'apostolo sostiene che l'integrità del corpo è violata quando alcuni hanno l'opportunità di mangiare a sufficienza, ma lasciano che altri rimangano senza cibo. La cena del Signore non è il luogo dove mostrare il proprio stato sociale, perciò Paolo insiste che chi ha fame mangi a casa prima di riunirsi. Questo dimostra l'importanza della dimensione spirituale della Cena del Signore.

Alla luce di tutto questo, le diverse opinioni su come servire il pane e sul tipo di vino da utilizzare mancano completamente il significato spirituale di questa celebrazione.

La prima lettera ai Corinzi contiene il più chiaro insegnamento di Paolo sulla Cena del Signore, e stabilisce l'importanza della sua centralità nel culto cristiano di oggi; Paolo sottolinea, inoltre, che la cena è essenzialmente un memoriale – si veda 1 Cor 11:24-25. Durante la Pasqua ebraica, il capo di ogni famiglia raccontava la storia dell'esodo per ricordare ai propri familiari la ragione per cui potevano godere delle benedizioni che stavano vivendo. Allo stesso modo, durante la Cena, i credenti sono chiamati a ricordare il sacrificio del Signore per riconoscere che è stata la sua morte a dare vita alle benedizioni in cui stanno vivendo.

Paolo spiega che il memoriale della cena del Signore è un annuncio e una partecipazione, non un ripetersi della sua morte – si veda 1 Cor 11:26; è il memoriale che proclama l'evento storico che è al centro della fede cristiana, nel quale prendiamo parte. Il pasto non è un tentativo di tenere in vita qualcosa che non c'è più, perché non è la vita di Cristo a essere ricordata. L'attenzione è sulla sua morte che porta salvezza – un evento di portata unica che raggiunge il passato, il presente, il futuro, e tutta l'eternità.

L'apostolo Paolo mostra anche un aspetto futuro della Cena del Signore – si veda 1 Cor 11:26; egli spiega come la Cena abbia un ruolo centrale nella chiesa solo per il tempo presente, poiché, quando Cristo ritornerà e quando sarà personalmente presente tra noi, non sarà necessario celebrare alcun memoriale.

I doni spirituali
La terza difficoltà che i Corinzi stavano affrontando durante il culto era quella dei doni spirituali.

Questi doni erano parte fondamentale della chiesa primitiva, e i credenti sapevano di essere stati unti dallo Spirito Santo, di essere guidati dallo Spirito di Dio e di ricevere da lui il dono di pregare in lingue, di interpretarle, di profetizzare, di fare miracoli, di discernere gli spiriti, e così via. Questi doni sono considerati più approfonditamente nei libri *Conoscendo lo Spirito*, *Ascoltare Dio* e *Ministrare nello Spirito*.

Sembra che nella chiesa di Corinto ci fossero tutti i doni dello Spirito, e che i Corinzi, nel desiderio di usarli, stavano creando confusione e disordine durante il culto.

Per questo motivo l'apostolo Paolo ricordò loro che Dio è un Dio di ordine e non di confusione. Dio desidera, cioè, che durante il culto i doni spirituali siano usati in modo da edificare l'intera chiesa.

Paolo riconosceva l'importanza di tutti i doni che i Corinzi

L'adorazione nel Nuovo Testamento

avevano, testimoniando come ognuno di loro provenisse dal Signore, e avesse un ruolo nell'edificazione della chiesa. Cercò di spiegare loro che, proprio come il corpo umano ha diverse membra che contribuiscono all'efficace funzionamento di tutto il corpo, allo stesso modo i diversi doni spirituali e i diversi credenti contribuiscono insieme al servizio della chiesa.

La questione chiave, in ognuna delle difficoltà che i Corinzi stavano vivendo, era quella della libertà. Erano, le donne, libere di ignorare la convenzione sociale di quel tempo durante le funzioni religiose? Erano, i gruppi di credenti appartenenti a diverse classi sociali, liberi di celebrare la Cena del Signore solo con il proprio gruppo di amici? Erano, i credenti, liberi di manifestare i doni spirituali tutti allo stesso tempo?

L'apostolo Paolo rispose a queste questioni, da un lato, con un invito a far propria la vera libertà ricevuta in Cristo, dall'altro, con un invito a riconoscere la propria responsabilità di seguire l'esempio d'amore di Cristo, il quale sacrificò se stesso per il loro bene. Paolo riteneva che:

- ◆ Le donne erano libere sia di coprire il loro capo, sia di lasciarlo scoperto durante il culto; tuttavia, se davvero volevano amare i non credenti che erano in mezzo a loro, allora non avrebbero dovuto comportarsi in modo da offenderli e impedire loro di ricevere il Vangelo.

- ◆ Le persone erano libere di decidere cosa, quando e con chi mangiare; tuttavia, se si amavano realmente con l'amore di Dio, non dovevano agire in modo da ostacolare la comunione tra i diversi credenti.

- ◆ Tutti credenti erano liberi di manifestare i doni spirituali ricevuti dal Signore; tuttavia, se davvero amavano la Chiesa con l'amore di Dio, non dovevano agire in modo da confondere altri fratelli, ma edificandoli e contribuendo alla loro unità in Cristo.

Adorare in spirito e verità

Sacrificio di lode

Quando leggiamo i Vangeli e il libro degli Atti possiamo apprezzare come la gioia e la lode siano una caratteristica principale. Quando, per esempio, lo Spirito Santo discese sui discepoli nel giorno della Pentecoste, questi furono così riempiti dall'amore di Dio che iniziarono ad adorarlo in nuove lingue date loro dallo Spirito.

Infatti, come si può leggere nella lettera ai Romani e agli Efesini, quando lo Spirito Santo entra nel cuore di una persona, mette in esso il grido di gioia che chiama: "Abba, Padre" – si veda Rom 8:15-16, e quando riempie la vita di una chiesa, la ricolma di uno spirito di lode e ringraziamento – si veda Ef 5:18-20.

Tuttavia, la verità è che non ci sentiamo sempre così. Se adorassimo Dio solo nei momenti di gioia e di euforia, allora non potremmo adorarlo spesso!

Per questo il Nuovo Testamento, seguendo un principio già stabilito nell'Antico Testamento, ci insegna che la vera adorazione comporta sempre un sacrificio. Perciò l'adorazione in spirito e verità dovrebbe essere caratterizzata da tre tipi di sacrifici, che vedremo in modo più dettagliato nei prossimi tre capitoli.

Il sacrificio dei nostri corpi
I primi undici capitoli della lettera di Paolo alla Chiesa di Roma costituiscono la più completa descrizione biblica del Vangelo. Con il "perciò" che troviamo all'inizio del capitolo 12, Paolo conclude questa descrizione, con un invito a rispondere alla rivelazione del Vangelo, presentando i nostri corpi come "sacrificio vivente". Al capitolo 9 discuteremo di alcuni modi di esprimere l'adorazione attraverso il corpo, come il teatro e la danza, dimostrando che anche l'arte può essere utilizzata per adorare e per descrivere in modo profetico il cuore di Dio. Intanto, però, dobbiamo considerare come il verso di Romani 12:1 incoraggi ad offrirci completamente in adorazione a Dio – anche con i nostri corpi.

L'adorazione nel Nuovo Testamento

Al tempo dell'apostolo Paolo, le persone erano familiari con il concetto di "sacrificio", che rappresentava una resa totale a Dio, o a delle divinità. L'idea di "sacrificio vivente", quindi, esprime il significato di una resa continua a Dio, e al suo servizio.

L'apostolo Paolo spiega con chiarezza come questo comporti:

- ◆ L'essere costantemente trasformati all'immagine di Cristo
- ◆ L'essere totalmente impegnati nel corpo di Cristo
- ◆ Mettere a servizio della chiesa ogni dono ricevuto da Dio.

Questo implica amore e servizio, preghiera e pazienza, gioia e ospitalità, perdono e unità, fede e speranza, misericordia e compassione, vita e morte, e così via.

Paolo afferma che adorare Dio attraverso il sacrificio dei nostri corpi significa donarsi al servizio del vangelo, a volte anche a costo della propria vita – si veda Rom 15:16, Fl 1:20, 2:17, 2 Tim 4:6. Considereremo quest'aspetto dell'adorazione al capitolo 6.

Il sacrificio dei nostri beni

Alcuni passi che troviamo nella lettera agli Ebrei ci spingono fortemente a fare il bene e a condividere ciò che abbiamo, come sacrificio gradito a Dio – si veda Ebr 13:16. Nel libro Il Regno di Dio studiamo l'insegnamento di Gesù sulla ricchezza, che viene da lui descritta come un nemico del nostro amore verso il Signore, e come un potere che cera di dominarci e di renderci schiavi. Più volte notiamo, soprattutto nel Vangelo di Luca, come Gesù cerchi generosità nel cuore e nelle azioni dei suoi discepoli.

L'apostolo Paolo sviluppa questo concetto nella lettera ai Corinzi – si veda 2 Cor 8-9, dove esorta i credenti di Corinto a seguire l'esempio delle chiese macedoni, generose nel dare. Paolo stabilisce, in questo modo, l'importanza del dare

Adorare in spirito e verità

all'interno del culto cristiano – si veda 2 Cor 9:11-13, insegnando che il sacrificio dei nostri beni dovrebbe essere offerto:

- ◆ Come risposta all'amore di Dio
- ◆ Anche in tempi difficili
- ◆ In proporzione ai nostri mezzi
- ◆ Con compassione verso i bisogni più grandi
- ◆ Come testimonianza del nostro impegno.

Ci soffermeremo sul sacrificio dei nostri beni in modo più approfondito al capitolo 7.

Il sacrificio della nostra lode
La lettera agli Ebrei ci incoraggia ad offrire un sacrificio di lode a Dio con le nostre labbra – si veda Ebr 13:16. Abbiamo visto come la lode nell'Antico Testamento coinvolgesse la musica e il movimento, e come la chiesa primitiva fosse caratterizzata da un'atmosfera di gioia e ringraziamento.

Il fatto che la lode sia identificata qui come un sacrificio, presuppone che sia implicato un certo impegno, come vedremo al capitolo 8. Il Nuovo Testamento definisce essenzialmente la chiesa come una comunità di persone che adora e crede in Gesù.

Il Signore ci chiama ad adorarlo, e quando trascuriamo questo, che è il nostro compito principale, disonoriamo Dio e, in seppur in un senso diverso, anche noi stessi.

Nei prossimi tre capitoli ci soffermeremo a considerare il "servizio" offerto personalmente a Dio; è importante, perciò, che teniamo a mente i tre principi cardine dell'adorazione fin qui approfonditi.

La vera adorazione è sempre rivolta al Dio vivente: non è un'esibizione di talenti umani, ma un puro desiderio di glorificare Dio, e di entrare più intimamente alla sua presenza.

La vera adorazione edifica sempre l'intero corpo di Cristo: non esalta il singolo individuo, ma esprime l'unione di tutto il popolo nella lode a Dio. Infatti, ognuno, secondo il proprio dono, dovrebbe partecipare all'adorazione insieme ai fratelli. – si veda 1 Cor 14:26.

La vera adorazione dipende sempre dalla presenza dello Spirito Santo. Come Paolo afferma nella lettera ai Filippesi – si veda Fl 3:3, dobbiamo adorare per mezzo dello Spirito di Dio. Senza di lui non possiamo comunicare con Dio né offrirgli niente che possa essere degno del suo nome.

E lo Spirito Santo che ispira le nostre preghiere e le nostre lodi, che apre le nostre menti e ci aiuta a capire la parola di Dio, che ci convince di peccato e che ci dona i doni spirituali pel il bene comune. In altre parole, lo Spirito Santo è il vero cuore dell'adorazione, come analizzeremo più a fondo al capitolo 10.

Capitolo sesto

Il servizio e l'adorazione

Abbiamo visto come la Bibbia, non solo non faccia distinzione tra "adorazione" e "servizio", (intendendo la prima come un'attività *spirituale* e il secondo come un'attività *pratica*), ma come, anzi, li equivalga. In altre parole, il modo in cui serviamo Dio è il modo in cui lo adoriamo.

Il significato originario sia della parola ebraica *abodah*, sia di quella greca *latreia*, si riferisce al lavoro di uno schiavo o di un servo, ma, come visto nei precedenti capitoli, queste parole vengono utilizzate nelle Scritture per descrivere il servizio o l'adorazione del Signore; anche questo conferma che il nostro servizio è la nostra adorazione e la nostra adorazione è il nostro servizio.

Abbiamo altresì visto come tutti i comandamenti si possano racchiudere semplicemente nell'adorazione e nel servizio a Dio. La prima delle priorità di Dio per la nostra vita è che noi lo adoriamo con ogni parte del nostro essere, la seconda, è che serviamo gli altri con lo stesso amore che abbiamo per noi stessi.

Servire in spirito e verità
Un'adorazione in spirito e verità genera sempre un servizio in spirito e verità. L'adorazione e il servizio sono così strettamente collegati che la Bibbia usa la stessa parola per entrambi; in questo senso possiamo dire che la nostra adorazione è incompleta se non sfocia in un servizio, e che il nostro servizio non può essere gradito a Dio se non nasce dalla nostra adorazione.

Adorare in spirito e verità

Servizio con un asciugamano

I Vangeli sono molto trasparenti nel raccontare le debolezze e le mancanze degli apostoli. Essi ne descrivono, infatti, i fallimenti e i successi, le intuizioni e i disaccordi. Dai loro racconti sembra che gli apostoli discutessero, quasi più di qualsiasi altra cosa, su quale fosse la loro "gerarchia" e su chi di loro fosse il più grande – si veda Lc 9:46.

Il primo e l'ultimo
Ogni volta che qualcuno lotta per essere il primo, sta anche lottando per non essere l'ultimo. Sebbene molti di noi cristiani sappiamo che non saremo mai i primi, alcuni ancora lottano per non essere gli ultimi. Secondo quanto leggiamo nei Vangeli, questo era uno dei problemi principali degli apostoli.

Quando gli apostoli si riunirono attorno a Gesù per celebrare la Pasqua, sapevano che uno di loro avrebbe dovuto lavare i piedi degli altri – si veda Giov 13:1-17. Si consideri che in quel tempo, per sedersi, le persone usavano i cuscini anziché le sedie, per questo motivo lavare i piedi era di grande importanza, specialmente durante i pasti. Questo era, ovviamente, un lavoro per il più umile dei servi, e nessuno degli apostoli voleva essere considerato tale.

Il vangelo di Giovanni sembra suggerire che ognuno degli apostoli preferì sedersi e avere i piedi sporchi per tutta la cena, piuttosto che essere considerato il minimo tra tutti – si veda Giov 13:2. Allora Gesù, prendendo un asciugamano e iniziando a lavare loro i piedi, diede ai dodici una meravigliosa, nuova definizione di grandezza, elevò l'importanza del servire, e rivelò un altro aspetto del carattere di Dio.

Il contesto dell'adorazione
E' importante comprendere che tutto questo ebbe luogo durante la festività più importante dell'anno ebraico. Anche se la cena pasquale veniva preparata e condivisa all'interno delle case, era una vera e propria celebrazione per adorare il Signore, che conteneva inni, letture, preghiere e un tempo di

Il servizio e l'adorazione

lode. Da quest'adorazione nacque il gesto di Gesù di servire i suoi discepoli; il suo servizio era veramente la sua adorazione e la sua adorazione il suo servizio.

Dopo averli serviti, Gesù li chiamò a seguire il suo esempio – si veda Giov 13:14-15. Alcuni credenti ancora oggi sembrano, tuttavia, preferire più la *spiritualità* dell'idea di una radicale abnegazione di se stessi, piuttosto che dedicarsi a svolgere quei servizi apparentemente insignificanti, come poteva essere, allora, quello di lavare i piedi.

Tuttavia, la vera adorazione intesa da Gesù, non è unicamente circoscritta a una lode meravigliosa, una missione pericolosa, o un compito difficile; è anche fatta di servizi considerati di poco conto, banali o insignificanti.

Leadership e autorità

In diversi volumi di questa serie *La Spada dello Spirito*, soprattutto in *Conoscere il Figlio*, vediamo come i quattro Vangeli si completino a vicenda concentrandosi su diversi aspetti della natura e della missione di Gesù. Abbiamo visto, per esempio, come Matteo sottolinei l'autorità di Gesù, come Marco il suo servizio, Luca la sua umanità e Giovanni la sua divinità.

E' ancor più interessante notare, allora, come sia il Vangelo di Giovanni – e non quello di Marco o di Luca – a riportare l'episodio appena citato. In tutto il suo Vangelo, Giovanni si concentra, infatti, nel presentare la divinità di Gesù, la sua completa rivelazione di Dio, la sua unione con il Padre, la sua identificazione con l'"Io sono" che si rivelò a Mosè nel deserto, e così via.

Questo significa che il gesto di Gesù di lavare i piedi ai suoi discepoli, non fu solo un esempio di un ideale comportamento umano, ma soprattutto una rivelazione del carattere di Dio, mostrandoci quale sia la natura dell'autorità di colui che è "il Signore e il Maestro", l'"Io sono".

Prendendo l'asciugamano e lavando i piedi dei suoi discepoli, Gesù stava ridefinendo il significato di autorità,

Adorare in spirito e verità

mostrando come il servizio fosse tanto per i maestri quanto per i servi. Durante tutta la sua vita, Gesù ha continuamente insegnato un'autorità che si basasse sulla propria funzione piuttosto che sulla propria *condizione*, un'autorità, cioè, che servisse le persone anziché manipolarle e controllarle – si veda, per esempio Mt 20:25-28.

In questo senso possiamo dire che la vera autorità spirituale si trova più facilmente in un asciugamano e in una saponetta che in una posizione o in un titolo.

Un servizio egoista
Se vogliamo comprendere cosa sia un "servizio in spirito e verità", dobbiamo riconoscere cosa sia un "servizio egoista".

Lo sforzo umano
Un servizio egoista ha sempre origine in uno sforzo umano; è un servizio che decide e determina scrupolosamente come e chi servire. Al contrario, il vero servizio scaturisce dall'adorazione, da quei suggerimenti di Dio che possiamo ascoltare quando ci prostriamo alla sua presenza. Nei libri Il *Regno di Dio* e *Ascoltare Dio* lo vediamo in modo più approfondito.

Il nostro servizio diventa un servizio offerto in spirito e verità, solo se proviene dall'ascolto di Dio e dalla sua guida.

Cercare di essere notati
Un servizio egoista è un servizio che ostenta se stesso, che spera di essere notato, e che s'impressiona quando vede qualcuno compiere grandi gesti. Il vero servizio, al contrario, non fa distinzione; accetta, anzi, tutte le opportunità di servire, non importa se piccole e sconosciute.

Un servizio egoista vuole sempre essere visto e notato, applaudito e premiato. Il vero servizio non cerca attenzione: è contento di essere nascosto agli occhi umani, perché considera l'approvazione divina molto più importante.

Il servizio e l'adorazione

Selettivo e temporaneo
Un servizio egoista si preoccupa dei risultati, ed è attento a scegliere chi servire. Il vero servizio si diletta nel dare, e serve i nemici proprio come serve gli amici, i più emarginati come i più stimati, gli ingrati come i riconoscenti.

Un servizio egoista è un'azione isolata, influenzata da sentimenti e desideri del momento, mentre un vero servizio è uno stile di vita permanente, governato e influenzato solo da Dio.

Auto-gratificazione
In definitiva, un servizio egoista è un modo per gratificare e glorificare solo se stessi. Manipola e controlla le persone, danneggiando la comunità.

Il vero servizio, invece, si preoccupa dei bisogni degli altri con lo stesso interesse con cui si preoccupa dei propri. Non obbliga in nessun modo l'altro a restituire il servizio, ma edifica il corpo di Cristo e porta grande gloria a Dio.

Come si esprime il servizio
Così come possiamo essere tentati di capire l'adorazione in termini di "ciò che facciamo in chiesa la Domenica", possiamo altrettanto facilmente fraintendere il servizio come un elenco di cose che possiamo o dobbiamo fare.

Tuttavia, proprio come la nostra adorazione è molto più del canto, della preghiera e dell'ascolto, così il nostro servizio è molto più del pulire, del cucinare e del prendersi cura di qualcosa o di qualcuno. Abbiamo visto come "l'adorazione in spirito e verità" sia un modo continuo di vivere davanti a Dio, un costante atteggiamento interiore di devozione e amore. Allo stesso modo, anche il "servizio in spirito e verità" è il modo in cui viviamo, piuttosto che un codice etico, o una lista di opere buone. Non dobbiamo dimenticare che comportarsi come servi solo quando ci sentiamo di farlo è ben altra cosa dall'esserlo continuamente.

Questo è il cuore di un vero servizio. Come la nostra

Adorare in spirito e verità

adorazione si esprime anche attraverso la musica, il movimento, il suono, la preghiera, la lode e il ringraziamento, così anche il nostro servizio si esprime in modo visibile all'interno della Chiesa e del mondo che ci circonda.

Il libro dei Salmi, in tema di adorazione, non ha un corrispondente, in tema di servizio, all'interno della Bibbia. Tuttavia, le Scritture riportano continuamente esempi di servizio, anche se spesso passano inosservati.

Semplici compiti
Quando pensiamo, per esempio, a coloro che Dio ha usato per farci giungere il Nuovo Testamento, pensiamo, di solito, all'apostolo Paolo. I suoi scritti hanno letteralmente cambiato il mondo e trasformato milioni di vite. Quanti di noi si sono mai fermati a ringraziare Dio per il silenzioso servizio di Tichico?

Sembra che Paolo avesse scritto la maggior parte delle sue lettere quando si trovava in prigione, non avendo, perciò, la possibilità di consegnarle di persona.

Non esistendo, a quel tempo, alcun servizio postale, Paolo spesso chiese al suo amico Tichico di andare a consegnarle, percorrendo, così, centinaia di chilometri a piedi – si veda Ef 6:21, Cl 4:7, 2 Ti 4:12 e Tlt 3:12.

La maggior parte degli studiosi pensa che la lettera agli Efesini fosse tata scritta come lettera "circolare", scritta, cioè, per essere inviata ad una molteplicità di chiese. E' possibile, perciò, che Tichico avesse attraversato tutta l'Asia Minore per consegnare le varie copie della lettera a tutte le chiese della zona cui era indirizzata.

Il suo fu un anonimo, sconosciuto, solitario e semplice servizio, probabilmente apparso come banale e insignificante a quel tempo, poiché chiunque avrebbe potuto farlo.

Una vera disponibilità
Naturalmente, la maggior parte degli atti di servizio non ha conseguenze di portata visibilmente rilevante. Nel libro degli Atti, ad esempio, si legge di come Tabita si rese disponibile

Il servizio e l'adorazione

per un servizio che fu di beneficio solo alle persone bisognose della sua zona – si veda At 9:39. Tuttavia, lo Spirito Santo ce ne parla affinché sia per noi un esempio da seguire.

Dobbiamo imparare dallo Spirito Santo stesso, che esiste per glorificare il Figlio, piuttosto che se stesso. Quando viviamo nello Spirito ben presto scopriamo come il nostro io diventi secondario davanti al più piccolo dei problemi degli altri.

Un servizio in spirito e verità si manifesta attraverso una vera disponibilità, offrendo un semplice aiuto – come aiutare ad aprire una porta, fare il caffè, lavare i piatti, e così via. Non dobbiamo mai dimenticare l'insegnamento che Cristo ci ha lasciato: nessuno è troppo importante o troppo occupato per i più piccoli gesti di servizio.

Un servizio che riceve

Guardando da un altro punto di vista, il servizio implica anche l'essere servito. L'apostolo Pietro non voleva che Gesù gli lavasse i piedi non per la sua umiltà, ma per il suo orgoglio, poiché il gesto di Gesù si presentava come un affronto a quell'idea che Pietro aveva di autorità: se Pietro fosse stato al posto di Gesù, difficilmente avrebbe lavato i piedi di qualcuno dei discepoli!

Quando permettiamo ad altri di servirci, stiamo riconoscendo la loro autorità su di noi, e riceviamo il loro gesto senza sentire la necessità di ripagarli.

Dare ospitalità

L'ospitalità è quasi l'unica forma di servizio di cui le Scritture ci fanno espressamente richiesta. La prima lettera di Pietro e quella ai Romani incoraggiano tutti i credenti all'ospitalità – si veda 1 Pietro 4:9, Romani 12:13; le lettere a Timoteo e a Tito la descrivono come una caratteristica di coloro che hanno un ruolo di guida all'interno della chiesa – si veda 1 Ti 3:2, Tt 1:8.

Le Scritture sono piene di esempi di ospitalità, dalla protezione che Rahab offrì alle spie, al riguardo di Boaz nei confronti di Ruth e Naomi, alla cura delle vedove da parte di

Adorare in spirito e verità

Elia e di Eliseo, all'accoglienza di Maria e di Marta nei confronti di Gesù e dei suoi discepoli.

Quando Gesù mandò i dodici e i settanta a predicare il Vangelo, ordinò loro di dipendere dall'ospitalità di chi li avrebbe accolti, e possiamo vedere come questa istruzione sia stata seguita anche in tutto il libro degli Atti. E' possibile che la nostra moderna cultura di soggiornare in alberghi e mangiare nei ristoranti, ci abbia forse derubato di molta della gioia biblica provata da chi offriva e riceveva ospitalità.

Adorazione, servizio e umiltà
Dovrebbe essere chiaro, ormai, come l'adorazione e il servizio siano attività caratterizzate da umiltà. Abbiamo visto, infatti, come *shachah* e *proskuneo* – che significano inchinarsi – siano parole bibliche su cui l'adorazione e il servizio si fonda, e come caratterizzino la disposizione interiore di chi li compie.

Sviluppare umiltà
Può sembrare difficile sviluppare umiltà. In effetti, si potrebbe affermare che è quasi impossibile essere umili, se si tenta consapevolmente di cercare l'umiltà. Tuttavia, quando ci comportiamo in modo da non ostentare ciò che facciamo, concentrandoci sul bene degli altri, possiamo aspettarci che lo Spirito Santo inizi a formare la sua umiltà nel nostro cuore.

L'umanità, nella sua carnalità, rifiuta di servire e di farlo riservatamente, aspirando, invece, alla comodità e al riconoscimento da parte degli altri. Questi sono, però, desideri che dobbiamo "crocifiggere", al pari di quelli sessuali, quando inopportuni. Alcuni passi, come quello che leggiamo nella lettera di Giovanni, non si riferiscono, infatti, solo alla sessualità, ma a ogni emozione o attività umana che non sia sotto il pieno controllo di Dio – si veda 1 Gv 2:16.

Molte persone lottano contro dei desideri sbagliati, e non sanno cosa fare. Nel corso della storia della chiesa, diversi gruppi di credenti hanno scoperto che, un equilibrio tra una vita fatta di adorazione sincera e di un servizio svolto nel

Il servizio e l'adorazione

segreto, sia il modo migliore per controllare i desideri della carne, e per sviluppare un atteggiamento di sana umiltà, conforme al Signore.

Questa è stata la caratteristica di tutti i primi movimenti monastici che Dio usò per diffondere il Vangelo in tutta l'Europa, e per fondare le prime chiese in Gran Bretagna e Irlanda.

Durante il 18° secolo, quando Dio mandò un nuovo risveglio in Gran Bretagna, attraverso uomini come Wesley e Whitfield, ispirò un uomo proveniente da una diversa tradizione ecclesiastica, a scrivere uno dei più influenti libri cristiani di tutti i tempi – *Una seria chiamata ad una vita santa e devota*.

William Law insegnò che i credenti devono considerare ogni giorno come "un giorno di umiltà" e come un "giorno per servire gli altri". Sorprendentemente, mentre Dio usò Wesley per portare centinaia di migliaia di nuovi convertiti nella chiesa, si servì contemporaneamente di Law per inaugurare una nuova ondata di santità all'interno della chiesa stessa.

Law insisteva nell'affermare che possiamo avere quell'umiltà che Dio cerca nei veri adoratori quando:

> *comprendiamo tutte le debolezze e le infermità di altri esseri umani, copriamo le loro debolezze, amiamo le loro eccellenze, incoraggiamo le loro virtù, diminuiamo i loro bisogni, gioiamo nelle loro vittorie, siamo compassionevoli con le loro angosce, riceviamo la loro amicizia, non badiamo alla loro scortesia, perdoniamo la loro malizia, ci facciamo servi dei servi, e accettiamo di svolgere i compiti più umili per i più umili dell'umanità.*

Quando cominciamo ad ubbidire a Dio, e a servire gli altri con lo stesso amore che abbiamo per noi stessi, scopriamo che l'umiltà di *shachah* e *proskuneo* inizia a fiorire nelle nostre vite.

I nostri cuori, a quel punto, inizieranno ad essere meno preoccupati e ad avere più pace, a guardare con compassione quelli che un tempo invidiavamo, ad essere interessati a quelli

Adorare in spirito e verità

che un tempo ignoravamo. Saremo, inoltre, riempiti di un nuovo senso di identificazione con i *ptochos* – "i sofferenti", coloro che Gesù è venuto a raggiungere e salvare.

Ancora più importante di tutto questo, l'umiltà di *shachah* e *proskuneo* ci trasformerà in veri adoratori, che conoscono Dio molto più profondamente, e che sono desiderosi di lodarlo e adorarlo nel continuo. Un servizio svolto segretamente diventerà come una preghiera di ringraziamento, mentre la nostra adorazione si trasforma in un servizio, e il nostro servizio in adorazione a Dio.

Capitolo settimo

Il donare e l'adorazione

Abbiamo visto come il Nuovo Testamento ci esorti ad offrire a Dio tre sacrifici nell'adorazione:

- ◆ Il sacrificio dei nostri corpi
- ◆ Il sacrificio dei nostri beni
- ◆ Il sacrificio della nostra lode

Anche se stiamo analizzando queste forme di adorazione separatamente, dobbiamo considerare come questi tre aspetti siano tra di loro complementari, e come si sovrappongono.

Dio non ci chiama a scegliere tra i vari gesti e forme di servizio; Dio ci chiama ad adorarlo e servirlo con ogni parte di noi stessi – e questo comporta sia il servire, sia il donare, sia il lodare. Se trascuriamo uno di questi aspetti, allora la nostra adorazione non sarà in spirito e verità.

Abbiamo anche visto come l'adorazione sia la risposta umana all'iniziativa divina, e come questa nostra risposta sia determinata dalla rivelazione del carattere di Dio. Ad esempio, noi rispondiamo con un'adorazione reverenziale alla rivelazione della santità di Dio; rispondiamo con un sacrificio di noi stessi, quando Dio si rivela come il Dio che si sacrifica per noi; rispondiamo con la lode, quando comprendiamo che Dio è un Dio di gioia; rispondiamo con la prontezza a lavare i piedi, quando Dio si rivela come colui che lava i nostri piedi sporchi; rispondiamo donando, quando capiamo che tutto ciò che Dio fa rivela che è un Dio che dona.

Sia che pensiamo a Dio in termini di creazione o redenzione, di grazia o d'amore, di verità o di misericordia, possiamo sempre vedere che lui è un Dio santo, che sempre dona.

Adorare in spirito e verità

Il donare nell'Antico Testamento
Nell'Antico Testamento il popolo di Dio rispondeva alla generosa offerta di grazia da parte del Signore con tre modi diversi di donare:

- ◆ Offrendo sacrifici a Dio
- ◆ Offrendo la loro decima ai bisognosi o alle guide religiose
- ◆ Offrendo liberamente e spontaneamente per occasioni e progetti speciali

I sacrifici
I sacrifici erano doni offerti direttamente a Dio: li abbiamo considerati al capitolo 3 e lo studiamo ancor più in dettaglio nel libro *Salvezza per Grazia*. Abbiamo visto che ogni volta che il popolo di Israele tornava al Signore, lo adorava offrendogli sacrifici.

E' opinione di alcuni credenti che i Giudei offrissero dei sacrifici a Dio solo per risolvere il problema del loro peccato. Tuttavia, l'Antico Testamento mostra come essi offrissero sacrifici quando erano nella gioia, quando erano nelle difficoltà, e quando erano pentiti e invocavano il perdono – gli offrivano il loro meglio nel ringraziamento, nella dedicazione, nell'intercessione, nella lode e nell'adorazione –.

Le decime
La decima rappresentava un dono annuale corrispondente al 10% del reddito familiare, che veniva offerto per provvedere ai bisogni dei poveri e delle guide religiose. L'Antico Testamento non definisce con precisione il modo in cui dovessero essere raccolte le decime, ma è chiaro nell'affermare che si dovesse offrire la decima parte di tutto il raccolto e di tutti gli animali – si veda Le 27:30-32.

Al termine del raccolto, doveva essere offerta la decima parte. Una volta l'anno le famiglie erano solite contare il proprio bestiame mentre lo portavano al pascolo. Ogni dieci animali

Il donare e l'adorazione

uno veniva offerto, a garanzia di un giusto conteggio. Non era possibile servirsi dell'occasione della decima per sbarazzarsi degli animali più deboli, anche se non c'era l'obbligo di selezionarne il migliore, come invece era obbligatorio per il sacrificio.

Inoltre, il valore di quanto la famiglia sacrificava durante l'anno non si poteva dedurre dall'ammontare dovuto come decima.

La decima apparteneva a Dio e a lui doveva essere offerta – si veda Le 27:30 e Ml 3:6-12. A differenza dei sacrifici, però, le decime erano il modo speciale con cui Dio provvedeva per particolari gruppi di persone.

Per i primi due, le famiglie davano le loro decime ai Leviti e ai sacerdoti che erano responsabili del culto nazionale; il terzo anno, le loro decime venivano date ai poveri della propria località. Alcuni passi del libro dei Numeri e del libro del Deuteronomio spiegano perché le decime venissero date a questi gruppi di persone – si veda Nu 18:21-32 e De 14:29.

E' importante notare come le decime nell'Antico Testamento non venissero usate per pagare edifici o progetti speciali - questi erano, infatti, finanziati attraverso offerte volontarie. Le decime erano, invece, utilizzate esclusivamente per sostenere coloro che erano coinvolti nel ministero e per coloro che erano in disperato bisogno.

Offerte volontarie
Le offerte volontarie erano di solito devolute verso progetti speciali – in particolare progetti per costruire e mantenere edifici speciali. Per esempio:

- ◆ L'offerta per il tabernacolo – Es 25:1-4, 35:1-29 e 36:2-7
- ◆ L'offerta per il primo tempio – 1 Cr 28-29
- ◆ L'offerta per il secondo tempio – Ed 1:2-6, 2:68-69, 3:5, 7:16 e Ne 7:70-72

Queste offerte non erano decime, poiché le persone non avevano l'obbligo di dare una percentuale fissa del loro

Adorare in spirito e verità

reddito. Erano "volontarie", in modo che, chi desiderasse donare, poteva farlo dando quanto decidesse nel proprio cuore. Le offerte erano sempre gestite in modo molto preciso, le persone sapevano ciò di cui c'era bisogno e come sarebbero stati utilizzati i loro doni e non venivano più ricevute quando si raggiungeva l'ammontare necessario.

Il popolo di Dio aveva anche il compito di dare generosamente ai poveri, tramite regolari offerte volontarie – si veda De 10:17-19, 15:7-11, 24:10-22 e Is 58:6-11.

Gesù e il donare

All'interno di questa serie *La Spada dello Spirito*, abbiamo più volte notato come Gesù avesse spesso insegnato riguardo questioni finanziarie, più spesso che per qualsiasi altro soggetto, eccetto che per il regno di Dio. Gesù si fermava ripetutamente ad affrontare il problema del denaro. Un episodio del vangelo di Marco, ad esempio, ci dice come osservasse quanto le persone davano, recandosi al tempio, e come sapesse discernere il cuore e il modo con cui donavano – si veda Mr 12:41.

Il cuore dell'insegnamento di Gesù riguardo al denaro si trova nel vangelo di Matteo, dove Gesù descrive il denaro come un potere – un falso dio – che cerca di dominare e rendere schiave le persone – si veda Mt 6:24. Questo spiega il perché, ieri come oggi, troviamo così difficile dare via i nostri soldi; spiega, al tempo stesso, anche perché molto dell'insegnamento di Gesù sul denaro viene usato in modo evangelistico.

L'insegnamento di Gesù

Il vangelo di Luca ci dice che Giovanni Battista insegnava alle folle che il donare era il primo frutto del vero pentimento – si veda Lu 3:8-11, e Gesù sottolinea ripetutamente che il donare è parte del nostro impegno verso di lui – si veda Mt 19:23-26, Lu 5:1-11, 12:33-34 e 18:18-23.

Nella nota parabola delle pecore e dei capri Gesù evidenzia come Dio desideri che i suoi discepoli diano generosamente

Il donare e l'adorazione

ai bisognosi – si veda Mt 25:31-46. In un altro passo di Luca, sottolinea, invece, come - da sola - la decima non sia sufficiente – si veda Lu 11:42, e per questo siamo chiamati anche a fare offerte volontarie – principio vividamente illustrato in Luca 10:29-37.

Il più dettagliato insegnamento di Gesù circa l'uso del denaro è illustrato attraverso la storia di un uomo ricco e di Lazzaro – si veda Lu 16. Il suo insegnamento più forte sul donare è contenuto nel Sermone sul Monte – si veda Mt 5:42. Gesù ripete questo principio fondamentale in Luca 6:30-38 (non dobbiamo mai dimenticare che le ricompense promesse al versetto 38 si riferiscono alla richiesta del versetto 30).

In un passo del vangelo di Matteo, Gesù prosegue il suo insegnamento sul dare descrivendo il modo in cui dovremmo farlo. Egli spiega che ostentare la nostra offerta significa perdere la ricompensa celeste – si veda Mt 6:1-3. Esorta, inoltre, a farsi tesori nel cielo, in contrasto con quelli sulla terra, che non possono durare – si veda Mt 6:19-21. Incoraggia, infine, a "cercare prima il regno di Dio", promettendo che "tutto il resto sarà sopraggiunto", quando parla delle preoccupazioni per i bisogni quotidiani, quali il cibo e il vestirsi – si veda Mt 6: 33.

Anche le istruzioni di Gesù sull'ospitalità confermano il suo desiderio che dare ai poveri diventi la nostra priorità, poiché così facendo stiamo dando a Dio – si veda Lu 14:12-14. In altri passi delle Scritture Gesù insegnò che è giusto pagare le tasse, dando lui stesso l'esempio – si veda Mt 17:24-27, 22:15-22, Mr 12:13-17 e Lu 20:20-26.

C'è un altro brano di Matteo in cui Gesù parla della decima. In questo passo rimprovera i farisei di usare il loro scrupoloso pagamento della decima, come scusa per ignorare la giustizia, la misericordia e la fede. È interessante notare che il rimprovero di Gesù non annullava l'obbligo della decima, al contrario lo affermava, ma lo univa ad una giusta disposizione di cuore e all'adempimento delle "cose più importanti della legge" – si veda Mt 23.23.

Adorare in spirito e verità

Questo mette in evidenza l'atteggiamento che Gesù aveva verso la legge, come viene approfondito nel libro *Il Regno di Dio*. E' chiaro come il Nuovo Testamento insegni che Cristo ha adempiuto la legge – si veda Ro 10:4, Ga 3:23-25 e Ef 2:15. Cristo ha adempiuto sia le profezie della legge che lo riguardavano – si veda Lu 24:44, sia la richiesta della legge di un'ubbidienza perfetta – si veda Ga 3:10,13. Ciò significa che, per i suoi meriti, il credente, sia egli Ebreo o Gentile, non è più sotto il potere legale e vincolante della legge. Questo è il motivo per cui nelle Scritture troviamo passi in cui Gesù, per esempio, dichiara puri tutti i cibi – si veda Mr 7:19.

Questo non significa che la legge non abbia nulla da insegnare ai cristiani di oggi – si veda 1 Co 9:8-10. Anzi, Gesù confermò i principi divini, chiamando i suoi discepoli a standard morali ancora più elevati rispetto a quelli richiesti dalla legge. Ad esempio, Gesù paragonò la rabbia all'omicidio, e il desiderio verso una donna all'adulterio – si veda Mt 5:21-22 e 27-28. Gesù sapeva che si poteva odiare, pur non uccidendo, o si poteva desiderare nel proprio cuore, pur non commettendo adulterio. Per questo portò i suoi discepoli oltre la lettera della Legge, per arrivarne al cuore. Gesù adempì completamente la legge Mosaica, intesa come il sistema centrale che regolava la relazione del popolo di Israele con Dio, attraverso la sua vita, il suo ministero, la sua morte e la sua resurrezione. Ecco perché i cristiani non sono costretti a vivere sotto le prescrizioni della Legge.

Qual è, allora, l'implicazione di tutto questo nel contesto più ampio del dare la decima? Alcuni studiosi ritengo che l'affermazione fatta da Gesù in Matteo 23:23 fosse rivolta unicamente a un pubblico ebraico, e che se ci fossero stati solo dei Gentili, Gesù avrebbe probabilmente affermato qualcosa di molto diverso. Il problema principale di questa linea di pensiero è che non riesce ad apprezzare la realtà che dare la decima è un principio biblico, precedente alla legge. Come vedremo in seguito nella discussione su Ebrei 7, i cristiani di oggi non dovrebbero dare la decima perché prescritto dalla

Il donare e l'adorazione

legge, ma perché è il giusto modo di onorare il ministero sacerdotale di Cristo. È significativo che Gesù non neghi mai il principio del dare la decima. Al contrario, lo afferma in modo chiaro in quella storia realmente accaduta, che riporta chiaramente le sue parole a riguardo – si veda anche Lu 18:9-14. In conclusione, oggi diamo la decima perché è un principio divino che trascende la legge di Mosè.

Gli incontri di Gesù

I Vangeli parlano di occasioni in cui la gente offrì doni a Gesù, di episodi in cui Gesù incoraggiò le persone a donare, o in cui esprimeva la sua opinione sui doni che le persone avevano fatto. Per esempio:

- I magi adorarono Gesù offrendogli doni – Mt 2:9-12
- Le donne adoravano Gesù ungendolo con olio profumato – Mt 26:6-13, Mr 14:3-9, Lu 7:36-50 e Gv 12:1-11
- Le donne sostenevano il ministero di Gesù – Lu 8:1-3, 10:38-42, Gv 11:1-45 e 12:1-12
- Giuseppe donò a Gesù la sua tomba – Mt 27:57-60, Mr 15:42-47 e Lu 23:50-54
- Cleopa e il suo compagno di servizio offrirono un pasto a Gesù – Lu 24:13-35
- Un giovane ricco si rifiutò di dare nel modo in cui Gesù lo incoraggiò a fare – Mt 19:16-22, Mr 10:17-22 e Lu 18:18-23
- Zaccheo donò più di quanto richiesto da Gesù – Lu 19:1-10
- Un ragazzo offrì il suo pranzo a Gesù – Gv 6:9
- Una vedova mise tutto ciò che aveva nella cassetta delle offerte – Mr 12:41-44 e Lu 21:1-4
- Un lebbroso obbedì Gesù e diede un'offerta come

Adorare in spirito e verità

espressione del suo ringraziamento – Mt 8:1-4, Mr 1:40-44 e Lu 5:12-14.

I doni offerti dal ragazzo e dalla vedova sono particolarmente importanti. Da un punto di vista umano, entrambi sembravano quasi insignificanti; tuttavia, dal punto di vista di Dio erano enormi. Secondo Gesù, quelle due monete donate dalla donna – che a quel tempo rappresentavano il più basso dei valori monetari – valsero più della somma di tutte le offerte fatte dalle altre persone in quello stesso giorno!

Questo dimostra che Dio, nell'adorazione, non misura ciò che offriamo, ma ciò che teniamo per noi stessi. Il regalo fatto dal ragazzo avrebbe potuto sembrare insignificante da una prospettiva umana, ma poiché era tutto quello che possedeva, aveva un valore enorme in cielo. Nel miracolo della moltiplicazione dei pani e dei pesci, Gesù mostrò la vera grandezza che aveva avuto in cielo, quel semplice pranzo offerto dal ragazzo. Egli permise alle persone di beneficiare della dimensione spirituale del dono di quel ragazzo.

Questo significa che coloro che danno di meno potrebbero essere effettivamente coloro che danno di più, e che coloro che donano grandi doni potrebbero aver donato solo una piccola quantità. Non dobbiamo preoccuparci di dare piccole somme di denaro – se questo è tutto quello che abbiamo – perché Dio può usarle in un modo enorme.

Il donare e la chiesa primitiva

La storia della chiesa primitiva inizia con un dono speciale da parte di Dio: Egli offrì se stesso, il suo Spirito, la sua potenza, si donò liberamente, senza alcuna condizione, proprio alle stesse persone che avevano abbandonato e tradito suo figlio solo poche settimane prima – si veda At 2:1-4.

Come diretta conseguenza del dono di Dio, circa tremila persone credettero e furono battezzate in quel giorno. Questa è la prima volta, nel Nuovo Testamento, in cui si vede chiaramente come i doni e il donare portino alla crescita.

Il donare e l'adorazione

La comunità generosa

L'inizio del libro degli Atti descrive ciò che accadde ai nuovi convertiti. Il loro ravvedimento fu anche segnato da un cambiamento nel loro modo di percepire il denaro, e il donare divenne una parte centrale della loro vita – si veda At 2:42-47.

Quando vedevano un bisogno, essi donavano senza riserva, e questo suscitava lode e adorazione nel cuore delle persone. La loro generosità li rendeva contenti, impressionava notevolmente chi era attorno a loro, e portava a una notevole crescita nella chiesa.

Le comunità generose erano a loro volta guidate da guide generose, come furono Pietro e Giovanni quando donarono a uno zoppo che mendicava – si veda At 3:1-9. Essi non ignorano il bisogno di quell'uomo, né lo liquidarono dandogli pochi spicci; gli dissero, invece, che gli avrebbero dato tutto quello che avevano. Non dobbiamo essere affascinati dal miracolo della sua guarigione al punto da trascurare il loro spirito generoso.

In un altro passo del libro di Atti viene descritta la generosità di molti credenti – si veda At 4:32-35. Ancora una volta, dobbiamo fare attenzione a non leggere la grande testimonianza resa degli apostoli trascurando l'altrettanto importante contesto di offerta nel quale questa era resa. Il dono del credente faceva parte della testimonianza della risurrezione di Cristo. Stavano dando con sacrificio in risposta a quanto Gesù donò con sacrificio; la loro generosità era la testimonianza che Gesù era vivente.

Si può notare un progresso importante in questi versetti. Per la prima volta, la chiesa primitiva iniziò ad organizzare le offerte così che i doni venissero utilizzati in modo più efficiente. Invece di dare direttamente ai poveri, i credenti iniziarono a donare ad una cassa centrale che dirigeva le loro offerte verso i più bisognosi.

Nell'Antico Testamento, ogni città aveva una cassa comune dove si raccoglievano tutte le decime "del terzo anno", e il cui compito era quello di indirizzarle a sostegno dei poveri.

Adorare in spirito e verità

Sembra che la chiesa primitiva stesse seguendo proprio lo stesso esempio.

Anania e Saffira
L'apostolo Luca, nei suoi due libri, sembra voler presentare delle evidenti contrapposizioni: da un lato il giovane ricco e dall'altro Zaccheo, nel vangelo; da un lato Barnaba e dall'altro Anania e Saffira, negli Atti – si veda At 4:36-5:11.

Barnaba vendette un campo e diede tutto il ricavato al fondo comune della chiesa. Anche Anania e Saffira vendettero alcuni possedimenti, ma diedero solo una parte al fondo comune della chiesa. Sebbene fossero desiderosi di ricevere l'approvazione della gente per aver donato generosamente, non potevano sopportare l'idea di perdere tutti i loro averi.

L'apostolo Pietro è chiaro quando afferma che Anania e Saffira non avevano alcun obbligo di vendere i loro possedimenti – si veda At 5:4. Tuttavia, essi mentirono, perché non riuscivano ad ammettere di non aver dato tutto quello che avevano.

La morte di Anania e Saffira – si veda At 5:5-11, rappresenta un terribile avvertimento riguardo al donare. Proprio come la storia di Israele inizia con il rifiuto di Dio dell'offerta presentata da Caino, così la storia della chiesa inizia anche con il rifiuto di Dio di una coppia la cui donazione fu inaccettabile.

I problemi del donare
Il libro degli Atti ci descrive uno dei primi problemi della chiesa primitiva. Il numero di nuovi convertiti crebbe così in fretta che, nonostante il fondo comune, un gruppo di vedove veniva trascurato nella distribuzione quotidiana del cibo. C'era così tanto da fare per gli apostoli che non riuscivano a predicare e al tempo stesso a distribuire i fondi ai bisognosi in modo efficiente – si veda At 6:1-7.

Gli apostoli decisero di risolvere il problema delegando alcuni compiti ad altre persone. Scelsero sette uomini ripieni dello Spirito di Dio per essere corresponsabili nella gestione

Il donare e l'adorazione

delle finanze, e per assicurare che le offerte delle persone venissero ben amministrate. Il risultato fu che la parola di Dio continuò a diffondersi e il numero dei discepoli si moltiplicò grandemente nella città di Gerusalemme.

I credenti generosi
L'Apostolo Luca descrive la generosità come la caratteristica fondamentale del credente. Luca fa più volte riferimento a coloro che sono inclini a donare – si pensi al Centurione di Cafarnao in Luca 7:5-6; Giovanna e Susanna, Luca 8:1-3; Zaccheo, Luca 18:8-10; la vedova, Luca 21:1-4; Giuseppe, Luca 23:50-54.

Lo stesso vale per il secondo libro dell'Apostolo – pensiamo a Barnaba in Atti 4:36-37, Tabita in Atti 9:36-39 e Cornelio in Atti 10:1-2.

La generosità verso persone lontane
La generosità verso coloro che non conosciamo delinea uno sviluppo importante del concetto di altruismo, si veda Atti 11:27-30. Barnaba e Paolo si trovavano nella città siriana di Antiochia – circa 400 miglia a Nord di Gerusalemme – dove erano impegnati a insegnare la Parola di Dio ai Gentili. In questa circostanza ricevettero la visita di alcuni profeti che, in quell'occasione, predissero una grave carestia.

I profeti non istruirono gli abitanti di Antiochia circa quello che avrebbero dovuto fare, li resero solo partecipi delle necessità che sarebbero sopraggiunte nel prossimo futuro. Gli stessi discepoli decisero di far fronte alle necessità profetizzate attraverso un'offerta libera per i credenti d'Israele.

Fino a quel momento l'atto di donare era stato sempre ascrivibile a una dimensione locale.

Le decime, i sacrifici e le offerte erano destinate ai capi locali e ai poveri della comunità d'appartenenza. In questa circostanza i credenti si rendono conto di doversi assumere la responsabilità di coloro che, sebbene estranei, si trovavano in una situazione di povertà.

Adorare in spirito e verità

Si noti come, proprio i credenti di Antiochia, furono i primi a essere chiamati cristiani. Per essere considerati tali anche noi dovremmo scegliere di donare, proprio come fecero i cristiani di Antiochia.

Paolo si congeda
Atti 20:17-37 riferisce il sermone di addio di Paolo ai credenti di Efeso, quegli stessi credenti che Paolo aveva servito per due anni. L'Apostolo avrebbe potuto predicare qualunque altro sermone ma decise di parlare della generosità. Paolo avrebbe potuto scegliere qualunque altro testo biblico, eppure scelse di comunicare agli Efesini l'insegnamento di Gesù sulla generosità.

Paolo reputa la generosità un aspetto così importante della vita cristiana che lo stesso Apostolo decise che proprio quello doveva essere l'ultimo argomento con il quale si sarebbe congedato dai discepoli. Ogni qualvolta gli Efesini avessero ricordato Paolo, nel futuro, avrebbero sicuramente pensato al suo sermone d'addio.

Le parole di Gesù, in Atti 20:35, non sono riportate nei Vangeli. Tuttavia, il versetto racchiude gli insegnamenti di Gesù e Paolo e, insieme, la vita della Chiesa primitiva. Essi sapevano che donare era fonte di felicità e riconoscevano come la generosità causasse la crescita del credente e fosse, allo stesso tempo, volontà di Dio per il suo popolo.

Il sermone scelto da Paolo non dovrebbe sorprendere: in Atti si fa spesso riferimento alla generosità dello stesso Paolo nei confronti dei poveri, per i quali l'apostolo organizzava spesso collette. Abbiamo appreso come ad Antiochia Paolo dona con generosità per far fronte alla carestia e, insieme a Barnaba, porta il denaro raccolto a Gerusalemme. Romani 12:8, 13, 20 e 15:27-29 descrivono quanto sia importante, secondo l'Apostolo, che il credente sia disposto a donare con generosità.

Il donare e l'adorazione

Le offerte e i sacrifici

Abbiamo appreso come i primi credenti portassero ancora le offerte ai capi religiosi Giudei e presentassero i sacrifici nel Tempio di Gerusalemme.

Tuttavia, la chiesa si interrogò circa le regole che i nuovi credenti, i Gentili, avrebbero dovuto seguire. Dopo essersi incontrati a Gerusalemme, gli Apostoli decisero che i credenti Gentili avrebbero dovuto astenersi esclusivamente dai matrimoni proibiti, dall'idolatria e dal nutrirsi della carne di animali uccisi per soffocamento. I Gentili non erano tenuti a offrire sacrifici, né ad adottare la pratica della circoncisione, o al pagamento della decima secondo la Legge di Mosè.

Sebbene la Chiesa delle origini non avesse un sistema legalistico di pagamento della decima, era tuttavia ritenuto indispensabile che coloro che si dedicavano al ministero percepissero un giusto sostegno.

Paolo chiarisce questo aspetto in 1 Timoteo 5:17. Quando si pose fine al sistema dei sacrifici offerti a Dio nel Tempio, si adottò un sistema diverso. Pensiamo, per esempio, a quanto descritto in Romani 12:1; Efesini 5:1-2; Filippesi 4:15-20 ed Ebrei 13:16.

Alcuni insegnanti rifiutano per principio la decima così come descritta nel Nuovo Testamento. Nel Nuovo Testamento non è più obbligatorio il pagamento della decima. Tuttavia, donare rappresenta un aspetto importante dell'adorazione e, il pagamento della decima in particolare, è la risposta più appropriata per coloro che riconoscono il ministero di Gesù come Sommo Sacerdote.

In questo senso possiamo esaminare la lettera agli Ebrei, un libro che come nessun altro celebra la persona e l'opera di Gesù. Nell'epistola agli Ebrei l'intento è quello di dimostrare quanto il nuovo patto di Gesù sia migliore del vecchio patto con Mosè: l'autore del libro cerca in ogni modo di dare prova della superiorità dell'uno sull'altro. Tuttavia, è istruttivo rilevare il modo in cui è descritta la 'vecchia' pratica del pagamento della decima.

Adorare in spirito e verità

Nel capitolo 7 l'autore della lettera agli Ebrei pone a confronto il pagamento della decima sotto la Legge con quello nel periodo della grazia. L'autore del libro opera una distinzione fra i due patti (il vecchio e il nuovo), i due sacerdozi (quello di Levi e quello di Mechisedec), e le due decime (quella di Abramo e quella della Legge). È significativo come l'autore del libro attribuisca grande rilevanza alla decima pagata da Abramo a Melchisedec, ed evidenzi – si veda Ebrei 6:20 – come proprio Gesù sia il sommo sacerdote dell'ordine di Melchisedec. Questo ragionamento implica quanto segue: così come la decima pagata da Abramo ha conferito onore e gloria a Melchisedec, allo stesso modo, il pagamento della decima ai nostri giorni è la risposta più ovvia al ministero di Gesù come Sommo Sacerdote.

Tuttavia, è bene tenere presente che il pagamento della decima non è più obbligatorio, e i capi religiosi non possono – e non dovrebbero – forzare o manipolare i membri della propria congregazione perché questi paghino la decima, se gli stessi non hanno intenzione di pagare. Quando era in vigore la Legge, il pagamento della decima era equiparabile al pagamento di una tassa.

Nel periodo della grazia, pagare la decima è un atto che esprime la libera devozione del credente e, insieme, l'onore e il riconoscimento nei confronti del ministero sacerdotale di Gesù.

Ai nostri giorni il pagamento della decima è indicativo di quelli che sono gli standard minimi riferibili alla generosità del Cristiano, ed è importante ricordare come al pagamento della decima e alla generosità siano associate una molteplicità di benedizioni bibliche.

Si veda in merito Malachia 3:10 e 2 Corinzi 9:6. Soprattutto – come scrive Paolo in 2 Corinzi 9:7 – ogni cristiano è tenuto a donare secondo il proprio cuore, sulla base della guida dello Spirito Santo, e proporzionalmente al suo guadagno – si veda 1 Co 16:2.

Il donare e l'adorazione

I falsi insegnanti
Ovviamente si correva il rischio che qualche anziano abusasse dell'insegnamento di Paolo sul "doppio onore", e spronasse i credenti a donare personalmente agli stessi anziani della chiesa.
Il Nuovo Testamento fa riferimento a questi falsi insegnanti – si veda 1 Ti 6:2-13 e 2 P 2:3.

I cristiani ricchi
Ci sono poi i credenti facoltosi – come Barnaba, Zaccheo, Maria e Marta. Dio benedì economicamente ognuno di loro.
La prima lettera di Paolo a Timoteo contiene le raccomandazioni dell'Apostolo per questi credenti. L'Apostolo non ordina loro di disfarsi di tutti i propri averi e vivere nella povertà; piuttosto, ricorda loro la responsabilità che hanno di essere generosi, e di non dipendere da un tipo di ricchezza sbagliato.
In Apocalisse 3:15-22 si legge che la chiesa di Laodicea era particolarmente ricca, ma viene condannata poiché i credenti della chiesa facevano affidamento sul tipo di ricchezze sbagliate; non venne, perciò, condannata per essere una chiesa i cui membri erano abbienti.

Donare con generosità
Abbiamo già visto come, nella seconda lettera ai Corinzi, capitoli 8 e 9, si faccia riferimento alla generosità nel donare più che in ogni altro libro del Nuovo Testamento. In questi importanti capitoli l'Apostolo Paolo incoraggia i credenti di Corinto ad eguagliare i Filippesi in generosità.
Paolo elenca tre ragioni per cui i Corinzi dovrebbero donare con generosità:

- ◆ Affinché essi possano provare la genuinità del loro amore
- ◆ Per seguire l'esempio di Cristo
- ◆ Perché vi sia eguaglianza fra i credenti.

In 2 Corinzi 9:6-15 Paolo conclude i due capitoli dedicati al tema della generosità con una serie di preghiere e promesse fondamentali. In particolare, Paolo sottolinea come il nostro donare dovrebbe essere il risultato della gratitudine nei confronti di un Dio generoso, ed esprimere, fra le altre cose, lode, gratitudine e adorazione.

Capitolo ottavo

Gioia e adorazione

Proverbi 8 e 9 sono due fra i capitoli profetici maggiormente degni di nota della Bibbia. Come appreso in *Ministrare nello Spirito,* molti fra i profeti dell'Antico Testamento menzionano la parola *Yahweh* e proclamano i suoi precetti.

Diversamente, in Proverbi 8:4-36 e 9:4-12 si fa riferimento alla *Saggezza*. Nel suggerire che la Saggezza è una persona con caratteristiche "divine" sebbene "distinta da Dio", Proverbi 8:22-30 è uno dei pochi passaggi dell'Antico Testamento nel quale si sottintende che Dio "è – per natura – più di una persona". Questo aspetto viene trattato più approfonditamente nel libro *Conoscere il Padre.*

In *Conoscere il Figlio* vediamo come la maggior parte delle profezie descritte nell'Antico Testamento facciano riferimento al Messia, il servo di Dio, il figlio di Davide, Gesù. L'autore dei Proverbi – in Proverbi 8 e 9 – si spinge anche oltre quando riferisce le parole di Gesù, prima ancora della sua incarnazione. Lo studio approfondito di questi capitoli, in particolare, mostra come gli insegnamenti sulla *Saggezza di Dio* siano completamente confermati e portati a compimento nell'insegnamento della *Parola di Dio* e nel Vangelo di Giovanni.

Proverbi 8:22-31 contiene la descrizione più semplice dell'attività di Dio prima della creazione.

Il versetto 30 descrive come "trovare gioia in una relazione "fosse, allora, al centro della vita di Dio; quindi – per la coerenza che lo contraddistingue – lo stesso deve valere oggi e per sempre.

Dio non ha creato il mondo perché si annoiava, ma per la gioia derivante dalla relazione con la sua persona. La varietà, la vita, la bellezza della creazione stessa sono semplicemente

Adorare in spirito e verità

un'espressione – o la pienezza – della gioia di Dio in sé e con se stesso.

Il versetto 31 descrive la gioia di Dio nell'osservare il nuovo mondo – questa gioia è resa evidente dall'osservazione ripetuta, contenuta nel capitolo 1 di Genesi: Dio vide che "questo era buono".

La gioia del Signore
Questa gioia divina è al centro della vita di Gesù. Luca 2:10 riferisce che egli è venuto al mondo in un'atmosfera di grande giubilo; Luca 19:37 descrive la gioia della gente quando Gesù è entrato a Gerusalemme; infine, Giovanni 15:11, racconta come Gesù abbia lasciato in eredità questa gioia ai discepoli quando si apprestava ad abbandonare questo mondo.

In particolare, i primi due capitoli del Vangelo di Luca hanno inizio in un contesto di gioia incredibile:

- ◆ Gli angeli comunicano a Zaccaria che molti si rallegreranno alla nascita di suo figlio – 1:14
- ◆ Le prime parole proferite dagli angeli a Maria sono "Rallegrati!" 1:28
- ◆ Elisabetta e il figlio che porta nel suo ventre si rallegrano alla vista di Maria, comprendendo, così, chi sia colui che Maria porta in grembo – 1:44
- ◆ Maria si rallegra – 1:47
- ◆ I vicini si rallegrano -1:58
- ◆ Zaccaria si rallegra -1:64
- ◆ Gli angeli condividono con i pastori notizie che producono in essi grande gioia – da condividere con tutti i popoli– 2:10
- ◆ Le schiere celesti si rallegrano – 2:13
- ◆ I Pastori si rallegrano – 2:20
- ◆ Anna si rallegra – 2:38.

Gioia e adorazione

L'anno del Giubileo
Luca usa questa espressione generica di gioia per preparare la via all'annuncio di Gesù – si veda Lu 4:18-19, come analizzato in *Raggiungere i Perduti*.

Molti studiosi ritengono che la missione di Gesù fosse la proclamazione di un nuovo anno del Giubileo. In Luca 4:19 Gesù afferma di essere stato unto dallo Spirito di Dio per annunciare "l'anno accettevole del Signore". Questo è "l'anno della grazia del Signore", l'anno che Dio ha proclamato per mostrare la sua salvezza.

Questo sembra essere lo scopo "dell'anno del giubileo" proclamato in Levitico 25. Si tratta di un anno di liberazione, che ricorreva ogni 50 anni. In quell'occasione i campi venivano lasciati incolti, i debiti condonati, gli schiavi liberati e tutti i possedimenti restituiti ai proprietari originari.

Se questo è vero, "l'anno del giubileo" – come anche tutte le altre festività, i sacrifici e le cerimonie descritte nell'Antico Testamento – era un simbolo profetico che annunciava il giubileo finale, la salvezza realizzata da Gesù.

L'anno del giubileo era un periodo di gioia immensa, durante il quale si celebrava il generoso e immeritato dono di Dio. Levitico 25:21 descrive come fosse possibile riporre la propria fede in un Dio che avrebbe donato quanto necessario.

Come era anche possibile rallegrarsi, per l'intera durata dell'anno, proprio grazie a questa libertà dalle preoccupazioni e dai problemi.

Il fatto che Gesù dichiari di essere colui che ha il compito di dare inizio all'ultimo anno del giubileo, vuol dire che il tempo della salvezza avrebbe potuto essere goduto senza fine, sulla base della immeritata generosità di Dio.

Giubilo e grande gioia sono le uniche risposte possibili da parte di quei poveri e sofferenti a cui è annunciata la Buona Novella, da parte dei prigionieri quando sono liberati, dei ciechi quando ricevono la vista, e gli oppressi quando sono riscattati.

Ovviamente ci sono delle enormi implicazioni sociali insite

Adorare in spirito e verità

nel concetto di un perpetuo giubileo, poiché non possiamo semplicemente "spiritualizzare" il naturale rinnovamento degli assetti sociali come causa di una maggiore eguaglianza.

La salvezza offerta da Gesù ha portato il perdono, la guarigione, la liberazione e l'eguaglianza a livelli inimmaginabili per il giubileo dell'Antico Testamento. Tuttavia, non ha eliminato la dimensione sociale del "vecchio" giubileo; al contrario, ha completato e soddisfatto appieno i requisiti di quest'ultimo, elevandolo ancora di più.

Non importa quanto possa essere difficile per noi comprendere e realizzare la dimensione "terrena" della salvezza, approfondita in *Conoscere il Padre*; non dobbiamo mai dimenticare che Gesù stava dando inizio ad una gioia perpetua. Secondo Gesù, l'era della salvezza, dello Spirito, della Chiesa, è un'età di grande gioia.

La gioia, che è al centro della natura di Dio, è la stessa gioia che deve riempire il suo popolo.

La gioia che prova Dio in se stesso deve essere la gioia che proviamo in Lui. La gioia espressa da Dio alla vista della sua creazione, deve essere la stessa gioia che proviamo gli uni per gli altri, e per la creazione.

La gioia espressa da Dio alla vista del Figlio, del suo battesimo e della trasfigurazione, è destinata a diventare la nostra gioia per il Figlio, la sua gloria e così via.

Abbiamo visto come la nostra risposta a Dio dovrebbe essere determinata dalla rivelazione che di Lui abbiamo ricevuto – ovvero noi doniamo perché lui dona, serviamo perché lui serve, ci sacrifichiamo poiché lui si sacrifica, e così via. Allo stesso modo, la nostra risposta alla rivelazione della sua gioia e del suo giubilo dovrebbe essere vivere nella perpetua gioia dello Spirito, con grande felicità.

La gioia biblica
Nelle Scritture la gioia è sempre una qualità, non si tratta solo di un'emozione. Essa trae origine da Dio, scaturisce da lui, è una caratteristica che identifica il suo popolo, ed è un assaggio

Gioia e adorazione

della gioia di vivere per sempre alla presenza di Dio nel regno dei cieli – si veda Sl 16:11, Ro 15:13; Fl 4:4; 1 P 1:8 e Ap 19:7.

La gioia nell'Antico Testamento
Simchah e sameach sono i termini ebraici che indicano "gioia" e "gioire". Sono termini utilizzati in occasione delle celebrazioni, delle feste e delle cerimonie sacrificali ricorrenti – si veda De 12:6-7; 1 Sam 18:6 e 1 Re 1:39-40.

Simchah non è un'emozione espressa solo in occasione di eventi pianificati. Il libro dei Salmi descrive come la gioia spontanea fosse parte dell'adorazione comunitaria e individuale – si veda Sl 4:7; 42:4; 43:4 e 81:1.

Il tema della gioia ricorre particolarmente nel libro del profeta Isaia, che spiega come sia collegata alla pienezza della salvezza di Dio, e come sarà completa e pienamente realizzata nel futuro – si veda Is 49:13 e 61:10-11.

La gioia nel Nuovo Testamento
Chara e *chairo* sono i termini greci maggiormente utilizzati per indicare "gioia" e "gioire". Sono termini che esprimono il concetto di "gioia intensa" e sono strettamente collegati al termine *charis* – che in greco significa "grazia".

Il legame esistente fra i termini chara e charis suggerisce che *chara*, la gioia umana, è l'unica risposta appropriata alla charis, la grazia divina. Giovanni 15:11 e 16:22-24 conferma come lo stesso Gesù sia la fonte di questa gioia. È questo il risultato della nostra profonda comunione con lui attraverso la sua grazia.

In Atti 2:46; 8:8; 13:52 e 15:3 si legge come questa gioia intensa caratterizzi la vita della chiesa primitiva: per esempio, la gioia è uno dei doni dello Spirito, accompagna i miracoli operati in nome di Cristo, la conversione dei Gentili e la celebrazione dell'Ultima Cena.

Nella sua lettera, l'Aposto Paolo, insegna quattro principi fondamentali relativi al concetto di *chara*:

Adorare in spirito e verità

- La conversione e la crescita spirituale del nuovo credente è motivo di gioia – Filippesi 2:2 e 1 Tessalonicesi 2:19-20
- La sofferenza per amore di Cristo porta nel cuore una gioia prodotta dal Signore e non da noi – 2 Corinzi 6:10 e Colossesi 1:24
- È frutto dello Spirito Santo – Galati 5:22
- Ogni credente è chiamato a condividere la gioia di Cristo attraverso la comunione con lui e per mezzo della gioia che deriva dal conoscere Cristo e la sua salvezza – Filippesi 3:1; 4:4; e 1 Tessalonicesi 5:16.

La gioia profonda, che deriva dalla grazia, fa così parte del Nuovo Testamento, che può accadere di sottovalutare le molteplici occasioni di rallegramento raccontate. Si legge di credenti che gioivano:

- Nel Signore – Filippesi 3:1 e 4:4
- Nella Sua incarnazione – Luca 1:14
- Nella Sua potenza – Luca 13:17
- Nella Sua esistenza insieme al Padre – Giovanni 14:28
- Nella Sua presenza con loro – Giovanni 16:22 e 20:20
- Nella Sua vittoria finale – Giovanni 8:56.
- Nell'ascoltare la Parola di Dio – Atti 13:48
- Per la salvezza – Atti 8:39
- Nel ricevere il Signore – Luca 19:6
- Perché parte del regno di Dio – Luca 10:20
- Per la loro libertà in Cristo – Atti 15:31
- Per la loro speranza – Romani 12:12
- Per la loro ricompensa – Matteo 5:12
- Per l'obbedienza di altri credenti – Romani 16:19

Gioia e adorazione

- Per la proclamazione di Cristo – Filippesi 1:18
- Per il frutto del Vangelo – Giovanni 4:36
- Per la condivisione della sofferenza di Cristo – Atti 5:41
- Per la sofferenza a causa del Vangelo – 2 Corinzi 13:9
- Per la sofferenza nella persecuzione – 2 Corinzi 6:10
- Per la manifestazione della grazia – Atti 11:23
- Per l'incontro di altri credenti – 1 Corinzi 16:17
- Per aver ricevuto un dono da parte di altri credenti – Filippesi 4:10
- Insieme ad altri credenti – Romani 12:15
- Per aver ricevuto buone notizie riguardo ad altri credenti – 1 Tessalonicesi 3:6

Quando osserviamo la felicità e l'immensa gioia presenti nel Nuovo Testamento, ci rendiamo conto che esiste uno spirito di gioiosa celebrazione che non è, però, sempre evidente in molte Chiese di oggi.

Tuttavia, non saremo mai in grado di gustare la vita descritta dalla Bibbia se non daremo la possibilità al nostro servizio e alla nostra dottrina di crescere e nutrirsi nella gioia del Signore.

Il sacrificio della lode
Nehemia 8:10 è, probabilmente, il versetto più conosciuto sulla gioia, e descrive come la Gioia di Dio in noi ci renda forti. Le persone non possono resistere nelle difficoltà quotidiane senza la gioia. Attraverso la nostra volontà siamo in grado di dare inizio quasi a qualunque cosa, ma non possiamo sopravvivere alle difficoltà e alle avversità, senza l'esperienza o la prospettiva di una vera gioia.

In questa serie *La Spada dello Spirito*, facciamo spesso riferimento "all'obbedienza al Vangelo", e la confrontiamo con l'obbedienza che Dio richiedeva sotto il vecchio patto. Senza

Adorare in spirito e verità

uno spirito gioioso, tuttavia, l'obbedienza al Vangelo può diventare uno strumento senza vita, che non differisce molto dall'obbedienza legalistica dei Farisei.

Le nostre parole e le nostre azioni dovrebbero essere contraddistinte da gioia intensa e immensa gratitudine, perché dovrebbero essere quella naturale risposta alla benevola iniziativa di Dio. Noi parliamo e agiamo solo sulla base di quanto abbiamo appreso da lui. Poiché le nostre parole e le nostre azioni derivano da un Dio che è pienamente coerente con la sua natura, queste si manifestano anche ripiene della sua gioia.

Il cammino verso la gioia
Se è vero che siamo chiamati a obbedire Dio con gioia, in risposta alla sua grazia, è altrettanto vero che questa gioia deriva dalla grazia, attraverso l'obbedienza – la gioia è il risultato dell'obbedienza.

In Luca 11:27-28, per esempio, Gesù dichiara come coloro che vivono la propria vita nell'obbedienza alla parola di Dio, siano più benedetti di sua madre stessa, colei che ha partorito il Messia.

Questo è quello che il Nuovo Testamento richiede quando fa riferimento al duro sacrificio della lode. La gioia non proviene semplicemente dal lodare in modo particolare il Signore con inni; la gioia è ottenuta attraverso il sacrificio, attraverso l'obbedienza al Vangelo.

Consideriamo alcuni aspetti delle "beatitudini" di Gesù – si veda Matteo 5:3-12, nel libro *Il Regno di Dio*, osservando come la gioia implichi una crescita spirituale progressiva, e come tale crescita, culmini nella gioia e in una grande felicità.

La maggior parte delle prime versioni della Bibbia traduce il termine makarios con il termine "benedetto", per evidenziare come questa caratteristica provenga da Dio. Molte traduzioni moderne, tuttavia, traducono *makarios* con il termine "felice", poiché la parola suggerisce l'idea di un "grande sorriso".

Dobbiamo afferrare e cogliere il significato di entrambe le

Gioia e adorazione

traduzioni, poiché Gesù sta affermando che le persone avranno un sorriso gioioso donato da Dio, e un'uguale disposizione interiore, se vivranno secondo la sua volontà. Le beatitudini sono l'invito di Gesù a vivere in uno stato di appagamento gioioso, come risultato dell'ascolto e dell'obbedienza della parola di Dio – l'obbedienza al Vangelo.

Questo significa che non possiamo conoscere la vera gioia fino a quando Dio non avrà trasformato il modo in cui ci rapportiamo agli ordinari eventi della vita descritti nel "Sermone sul Monte". Matteo 5:13-7:29 è, infatti, non solo la descrizione di come le beatitudini si applichino al nostro quotidiano, ma anche la descrizione di una vita che produce gioia.

Ci sono chiese, oggi, nei cui culti spesso si assiste al tentativo di persuadere e convincere le persone con una finta gioia, quando, niente, in realtà, sembra essere cambiato nel loro quotidiano. Questo avviene quando non si dà a Dio la possibilità di entrare a far parte della nostra vita. La vera celebrazione di Dio, che sia "spirito e verità", può scaturire solo da vite trasformate da Dio e rinnovate attraverso lo Spirito Santo.

Una gioia continua
In Filippesi 4:4-20, l'Apostolo Paolo concentra l'insegnamento sul principio della gioia:

- ◆ Egli ci esorta a rallegrarci continuamente nel Signore – verso 4
- ◆ Associa la gioia alla gentilezza – verso 5
- ◆ Introduce i due aspetti del rallegrarsi: non siate in ansia per alcuna cosa, e fate conoscere le vostre richieste a Dio con ringraziamento – verso 6
- ◆ Definisce quale sia il risultato del rallegrarsi: la pace di Dio custodirà i nostri cuori e i nostri pensieri in Gesù Cristo – verso 7.

Adorare in spirito e verità

In questi importanti versetti, Paolo insegna come si possa gioire continuamente – la prima regola è "non essere in ansia per alcuna cosa".

Gesù esorta lo stesso atteggiamento in Matteo 6:25 e riprende chiaramente quanto promesso da Dio in Levitico 25:21: sarà Dio a provvedere al giubileo, affinché la gioia ininterrotta che Gesù descrive possa trarre fondamento dalla libertà dalle preoccupazioni e dai problemi quotidiani.

Non saremo mai capaci di gioire "in spirito e verità" fino a quando non avremo imparato a non essere in ansia per alcuna cosa. Non sarà possibile provare una sana indifferenza verso le circostanze e le cose che accadono, fino a quando non impareremo ad avere piena fiducia in Dio.

Nell'Antico Testamento nessuno poteva realmente celebrare il giubileo prima di aver raggiunto una completa fiducia nelle capacità e nella volontà di Dio, il quale avrebbe provveduto il necessario per ciascuno. Allo stesso modo, oggi, nel tempo del perpetuo giubileo, non possiamo gioire continuamente nel Signore se non siamo completamente sicuri che Egli provvederà alle nostre necessità.

Paolo non si ferma alle riflessioni contenute nel versetto 7. L'Apostolo prosegue nell'esortare tutti a pensare a tutte le cose nobili, giuste, pure, amabili, di buona fama, virtuose e degne di lode. Così come Dio ha gioito e si è rallegrato nella sua creazione, allo stesso modo dovremmo rivolgere il pensiero alle cose pure della vita. Si tratta ancora di un'indicazione divina per il raggiungimento della gioia del Signore.

Troppi credenti pensano che la gioia possa essere raggiunta attraverso la preghiera o il canto. Queste sono espressioni esteriori di gioia e non l'unica via che conduce alla gioia. Quando riponiamo completa fiducia in Dio e riempiamo le nostre vite della semplicità e della bellezza delle cose che attengono alla creazione di Dio, allora conosceremo la gioia. Questa promessa è incondizionata.

Per questa ragione la lode è sacrificio e l'adorazione è servizio. La nostra volontà è profondamente connessa

Gioia e adorazione

all'obbedienza al Vangelo, alla completa fede in Dio e a dirigere i nostri pensieri verso ciò che è nobile e buono. Si tratta di una scelta cosciente che coinvolge il nostro modo di pensare e di agire – ma non si tratta di un impegno da perseguire da soli, sulla base delle nostre forze.

Come già ricordato in questa raccolta sulle caratteristiche dello Spirito, quando rispondiamo con fede all'iniziativa generosa del Padre, la guarigione raggiuge le profondità delle nostre vite, facendo crescere la nostra fede, e rafforzando la nostra fiducia – la gioia nel Signore, e che proviene dal Signore, ne è il risultato inevitabile.

Espressioni di gioia

Gesù viveva la sua vita con così tanta gioia, che i capi religiosi del tempo lo accusavano di essere un mangione e un beone. Purtroppo, all'interno della chiesa, sono sempre esistiti coloro che si preoccupano più di ciò che chiamano "riverenza", piuttosto che di ciò che la Bibbia chiama gioia.

I "lieti" seguaci di Cristo dovrebbero essere le persone più libere, vive, interessanti e stimolanti della terra. Gioire aggiunge entusiasmo al nostro servizio e ci rende persone davvero complete, persone che vivono veramente nella gioia di quel Dio che "lava i nostri piedi".

Al capitolo 3 e 4 abbiamo visto come il popolo di Dio, nell'Antico Testamento, adorasse attraverso la musica e gli inni, con grida di gioia e balli, cori e cantici profetici, feste e celebrazioni, generosità e ospitalità, nel tempio e nelle proprie case.

Abbiamo molto da imparare dall'ampia varietà delle loro lodi. Ma dobbiamo riconoscere che questi sono esempi che descrivono espressioni di gioia, non di indicazioni bibliche su forme o metodi da seguire. Al capitolo 9, esaminiamo l'utilizzo delle espressioni creative nell'adorazione, che possono racchiudere la completa gamma delle emozioni umane e, praticamente, tutte le arti creative.

Dobbiamo imparare, come Pietro in Atti 10, che nulla di ciò

Adorare in spirito e verità

che proviene dalla mano generosa di Dio è impuro, e dobbiamo capire che siamo liberi di celebrare la grazia e la bontà di Dio attraverso ogni tipo di arte e opera, attraverso ogni possibile espressione del nostro essere, e nei modi più appropriati alla nostra epoca e al nostro contesto culturale.

Sebbene non possiamo costruire una gioia spontanea, possiamo trasformare normali riunioni familiari – per esempio compleanni – in speciali momenti di celebrazione; e sebbene le festività legate alla natura e alle stagioni non siano particolarmente rilevanti per le chiese che vivono in un contesto urbano – si pensi alle celebrazioni collegate alla semina e al raccolto – possiamo appropriarci delle festività del nostro contesto culturale, e utilizzarle in maniera creativa, come occasioni per festeggiare in modo autentico.

Invece di lamentarci per la festività di Halloween, per esempio, potremmo, in quel giorno, illuminare le nostre chiese e le nostre case e celebrare la vittoria di Cristo sulle tenebre. Inoltre, poiché la sera del 31 ottobre si ricordano, per tradizione, i santi che prima di noi hanno lasciato questa terra, potremmo cogliere l'occasione per celebrare la vita dei credenti che Dio ha usato nelle nostre chiese e nella nostra cultura, e raccontare le loro storie alle nuove generazioni di credenti.

Possiamo recuperare le grandi festività cristiane come il Natale, la Pasqua, l'Ascensione e la Pentecoste, e trasformarle in ricorrenze speciali per celebrare il Signore. Possiamo creare occasioni speciali d'incontro, e celebrare il ritorno di Cristo e la Bibbia, le missioni all'estero e ricordare l'opera di Dio nelle diverse zone del nostro Paese. Coloro che vivono in comunità multietniche possono imparare ad apprezzare la cucina, la musica, la danza e le espressioni artistiche appartenenti a culture diverse.

Nell'Antico Testamento, il popolo di Dio celebrava almeno sette importanti festività annuali, ed alcune di queste duravano per diversi giorni. Come abbiamo visto, si basavano su diversi aspetti del rapporto di Dio con la nazione di Israele, ed erano occasioni di festeggiamento e rallegramenti, di musica e grida

Gioia e adorazione

di gioia, di ravvedimento e rinnovata consacrazione, di vera vita comunitaria.

Soprattutto, tutte le festività dell'Antico Testamento rappresentavano l'occasione, per il popolo di Dio, di tralasciare temporaneamente i doveri quotidiani per capire e sperimentare l'appartenenza alla propria nazione.

Esiste un principio divino che caratterizza questi eventi: anche se, in Cristo, siamo stati riscattati dalle regole dell'Antico Testamento riguardo al Sabbat, dobbiamo comunque vivere secondo il principio fondamentale del riposo dal proprio lavoro. Allo stesso modo, nonostante in Cristo siano state soddisfatte tutte le festività dell'Antico Testamento, dobbiamo comunque trovare il tempo di celebrare quelle festività che oggi ricordano l'appartenenza alla Chiesa, e l'unione in un solo corpo.

La gioia del Signore è la nostra forza, e la celebrazione delle festività sembra contribuire ad essa, permettendoci di perseverare nella quotidianità. Questo è il disegno con cui Dio ha creato la vita, poiché egli ha creato un mondo in cui ci siano le stagioni, il caldo e il freddo, il riposo e la crescita, la fioritura e il raccolto, il giorno e la notte e così via.

Gioire nel Signore ci dona la forza di servire il prossimo, ci ispira ad adorarlo nella quotidianità, ci prepara a donare generosamente e con gioia a coloro che sono nel bisogno, e a Dio.

Quando cominceremo a riempire la nostra vita con un servizio che dia gloria a Dio, donando secondo le sue istruzioni e rallegrandoci nella sua gioia, allora inizieremo ad essere quegli adoratori che il Padre cerca – lo adoreremo in *Spirito e Verità*.

Capitolo nono

Adorazione e creatività

In questo libro abbiamo enfatizzato come la vera adorazione sia l'adorazione in spirito e verità. Il Padre cerca coloro che sono disposti ad adoralo nella sincerità dei propri cuori, attraverso la potenza dello Spirito Santo e l'illuminazione che deriva dalla rivelazione della Parola di Dio. Abbiamo visto, al capitolo 2 e 5, come l'adorazione sia molto più di ciò che facciamo in chiesa durante il culto. L'adorazione è strettamente collegata con un'esistenza vissuta interamente alla presenza di Dio. L'adorazione condivisa con altri credenti nelle chiese è vuota e insignificante quando non è il risultato di una vita vissuta con Dio, attraverso la lode e la rettitudine, caratteristiche peculiari del credente. Una vita riempita dallo Spirito Santo non è contrassegnata solo dalla gioia nell'adorazione, così come descritta dall'Apostolo Paolo in Efesini 5:18-21, ma anche da matrimoni, da vite familiari e lavorative vissute nella pienezza dello Spirito Santo, come specificato da Paolo in Efesini 5:22-6:9.

In Matteo 15:8 e Marco 7:6, Gesù applicò la profezia contenuta in Isaia 29:13, a quel tipo di falsa adorazione che sembrava essere pratica comune di quei giorni. Tutte le espressioni esteriori di adorazione che non scaturiscano dalla genuinità dei nostri cuori sono vuote e offendono Dio. Tuttavia, è proprio l'espressione della lode, della confessione, del pentimento, della gratitudine, di richieste e di gioia a costituire l'essenza dell'adorazione stessa. Le parole non sono l'unica via attraverso la quale possiamo comunicare con Dio ed esprimere la nostra lode. Donare e servire sono essi stessi adorazione. Proprio come Paolo scrive in Romani 12:1-2, Dio ci chiama a presentare noi stessi come sacrificio vivente, in segno di adorazione a lui; questo sacrificio rappresenta l'unica risposta adeguata e ragionevole alla grazia e alla misericordia di Dio verso l'uomo.

L'adorazione è allo stesso tempo un atto fisico e spirituale. 1 Corinzi 6:19-20 descrive come siamo chiamati a glorificare Dio attraverso il nostro corpo, oltre che nello spirito. Come credenti la nostra personalità, nella sua interezza, (a livello fisico, emotivo, intellettivo e volontario), è controllata dallo Spirito Santo. Per questa ragione, dovremmo lodare il Padre attraverso l'espressione di tutti questi aspetti che contraddistinguono la nostra personalità. Tutte le capacità che il Signore ci ha donato, ci sono state date perché lo glorificassimo. Una forma d'arte che glorifichi il Signore, è il risultato di un'espressione creativa dell'uomo, nata in riposta ad un'iniziativa di Dio. E' anche il risultato dell'iniziativa dello Spirito di Dio di attirare gli uomini a Cristo, attraverso una forma d'arte.

Il dono della creatività

L'umanità è stata creata a immagine di Dio. Questo vuol dire che possediamo, in forma limitata e contenuta, le capacità di Dio. Siamo esseri razionali, capaci di pensare, scegliere, provare emozioni ed esprimere noi stessi attraverso il linguaggio e le nostre azioni. La dignità della nostra umanità risiede in ciò che Dio ci ha dato di essere e, in quello che siamo stati chiamati a essere. Siamo stati creati per adorare e glorificare Dio, e questo significa, senza dubbio, che dobbiamo usare tutta la nostra forza, i nostri doni e le nostre attitudini per onorare il suo nome in questo mondo, e nella nostra relazione con lui.

Gli esseri umani sono creativi per natura e questa creatività è un dono di Dio. È espressione della capacità divina che egli stesso ci ha donato. Come descritto in Genesi 1:1, Giovanni 1:1-3 e Ebrei 11:3, Dio crea dal nulla. Il nostro universo è stato creato attraverso la Parola, Cristo, ed è tenuto insieme dalla stessa potenza creativa. Colossesi 1:15-17 chiarisce questo concetto, e aggiunge come tutto quello che è stato creato sia prova della superiorità di Cristo, ed esista per glorificare lui. Questo significa

Adorazione e creatività

che la nostra creatività deve essere utilizzata per celebrare la gloria e la magnificenza di Dio. Si tratta di una delle attitudini umane più importanti e preziose. Non siamo mai tanto somiglianti a Dio come quando siamo creativi. A differenza di Dio, noi non creiamo dal nulla, ma possiamo attingere alla sua creatività ed esprimere le sue capacità creative. Ogni singola invenzione e ogni singolo progresso dell'umanità, nell'ambito delle scoperte scientifiche, della ricerca, della conoscenza e dell'arte, è espressione della creatività che Egli ci ha donato.

La tragedia sta nel fatto che, poiché siamo peccatori, spesso utilizziamo la creatività di Dio per usurpare la sua autorità. Abusiamo della nostra capacità creativa quando disonoriamo Dio, invece di glorificarlo. Gli effetti di questo atteggiamento sono disastrosi. I fisici nucleari producono bombe per uccidere altri esseri umani; le scoperte mediche inducono taluni a sostituirsi a Dio, attraverso la pratica della genetica umana; l'arte diventa lo spunto per esprimere l'individualismo dell'uomo peccatore, piuttosto che glorificare il nome di Dio. In quanto creature nuove in Cristo Gesù, questo abuso della creatività dovrebbe sicuramente preoccuparci e, come uomini e donne che amano Cristo, dovremmo senz'altro occuparci delle cose del Padre, nell'intento di ricondurre tutti gli aspetti legati alla creatività a quello che Dio aveva pianificato in origine. Questo significa anche usare l'arte come un mezzo per manifestare la gloria di Dio nel mondo, e riportare la creatività nella vita individuale e comunitaria dei cristiani.

L'arte nella società

L'arte, in una forma o nell'altra, è strettamente connessa al tessuto sociale dell'uomo, dalle origini ai nostri giorni. Le società primitive dipingevano le pareti rocciose delle caverne. Narravano le loro vicende tribali attraverso cantici, leggende, poesia, musica e parole. In epoca Medievale l'arte veniva utilizzata per illustrare le vicende religiose, descritte attraverso la pittura, gli affreschi, la pittura su vetro. Le società fondate sulla cultura orale tramandavano la conoscenza alle masse

Adorare in spirito e verità

attraverso questi particolari mezzi espressivi. In epoche diverse la Chiesa è stata una sostenitrice delle arti. Ricordiamo le opere del grande maestro Leonardo Da Vinci, di Michelangelo e Rembrandt. Il grande compositore Handel ci ha lasciato *Il Messia*, un'opera scritta in poche settimane e che, tuttavia, ha in sé il marchio dell'ispirazione divina. I grandi poeti ci hanno lasciato in eredità brani che interpretano in rime le verità bibliche, si pensi al *Paradiso perduto* di Milton. Gli architetti hanno costruito grandi chiese e cattedrali per onorare Dio. In realtà, ogni forma d'arte è stata utilizzata, in un modo o nell'altro, per diffondere nel mondo la gloria di Dio.

Anche quegli artisti che non hanno coscienza della fede in Dio riflettono qualcosa della bellezza di Dio, quando dedicano se stessi alla manifestazione del proprio talento nella produzione di musica ispirata, e di opere frutto del genio creativo. Nel corso dei secoli, questi artisti hanno arricchito l'esistenza di milioni di persone, da un punto di vista culturale ed estetico. L'arte è il risultato di una visione. È l'abilità di percepire e comunicare al prossimo queste percezioni vitali e la realtà, attraverso un particolare strumento artistico. Le novelle di Charles Dickens, come *Oliver Twist*, hanno risvegliato la coscienza sociale della Gran Bretagna vittoriana, e hanno agevolato la legislazione in favore dei poveri. Questi elementi "profetici" possono essere identificati in quasi ogni periodo della storia dell'arte. I film sono le parabole dei nostri giorni e, molto spesso, si confrontano con i veri problemi della vita e del vivere, suscitando domande profonde e, talvolta, mettendo a nudo la debolezza insita nei valori del nostro tempo.

Tutto questo ci da' una certa idea di quello che l'arte può rappresentare. È tragico quando a Dio non è riconosciuto il ruolo di principio creatore del talento artistico, e quando gli artisti usano il proprio talento per esaltare se stessi, o per operare contro i piani di Dio. L'arte è un mezzo di comunicazione potente e può essere usata a fin di bene, o essere messa al servizio del male. I governi, insieme a coloro che aspirano al controllo della società, usano l'arte come

Adorazione e creatività

metodo di propaganda. La potenza dell'arte è nella possibilità di esprimere ciò che non può essere ridotto a una mera riproduzione dei fatti. L'arte comunica emozioni ed esprime ciò che non è percepibile, e lo fa in un modo che non può essere eguagliato da una fredda trasmissione dei fatti.

Non deve stupire il fatto che il diavolo usi l'arte per promuovere i suoi scopi. L'arte è stata corrotta e resa prigioniera dal padre della menzogna. Egli propaga il suo messaggio di peccato e disperazione attraverso forme d'arte quali la musica, la letteratura e la cinematografia. È il momento che i cristiani si facciano avanti per ricondurre il mondo in cui viviamo allo scopo vero e originale, ispirando, illuminando e provocando attraverso la presentazione, spesso scomoda, della verità, in modo che essa abbia l'impatto emotivo opportuno.

Due Testamenti, una Bibbia

Nella serie *La Spada dello Spirito* spieghiamo come l'Antico Testamento rappresenti la base di ogni insegnamento incluso nel Nuovo Testamento. Ci preme enfatizzare come ogni dottrina che riguardi Cristo, sia radicata nelle rivelazioni dell'Antico Testamento. Al capitolo 5 abbiamo letto come i principi relativi all'adorazione, descritti al capitolo 3 e 4, rappresentino le fondamenta dell'adorazione così come descritta nel Nuovo Testamento. Del resto si capisce anche come le forme di adorazione dell'Antico Testamento differiscano radicalmente dall'adorazione in spirito e verità descritta da Gesù in Giovanni 4. Non esistono individui speciali, luoghi speciali, vesti o oggetti più santi di altri; noi evitiamo qualunque tipo di adorazione che si basi su queste forme dell'Antico Testamento. Non sono necessari sacerdoti, tempi, abiti speciali, riti religiosi, cerimonie, sacrifici, festività sante, cibo particolare o culti specifici per poter adorare Dio. Noi adoriamo in Spirito e non riponiamo alcuna fiducia nella carne, come scrive Paolo in Filippesi 3:3. Invece di rifarci ai modelli superati "di adorazione nella carne" dell'Antico Testamento, consideriamo quei principi spirituali che rafforzano i modelli ispirati all'Antico Testamento,

Adorare in spirito e verità

e applichiamo gli stessi alle nostre esistenze per mezzo della creatività dello Spirito.

In diverse epoche storiche, la Chiesa è caduta in errore volendo creare una classe speciale di persone (i sacerdoti), che compissero azioni speciali (per esempio la consacrazione del pane e del vino), e che rivendicassero un potere speciale (per esempio la remissione dei peccati). Questo tipo di adorazione è fondato sui concetti superati dell'Antico Testamento. Come descritto in Colossesi 2:17, Ebrei 8:5 e 10:1, questi concetti riconducono alla sostanza di Cristo e, quando viviamo questa realtà, che è Cristo, sostituiamo con essa i vecchi modelli di adorazione. Adorare in spirito e verità significa lodare attraverso lo Spirito, e rifiutare qualunque forma esteriore di adorazione materiale ispirata ai costumi dell'Antico Testamento, che aveva, a quel tempo, un suo autentico significato, poiché parte del piano di Dio, in preparazione alla venuta di Cristo. Tuttavia, oggi possiamo accostarci al Padre attraverso lo Spirito e adorarlo nella realtà dei nostri cuori rinnovati.

Questo ha portato alcune autorità religiose cristiane al rifiuto di ogni forma di espressione creativa nell'ambito dell'adorazione collettiva. Ritengono, infatti, che qualunque forma espressiva esteriore, come battere le mani, ballare e recitare, non sia conforme all'insegnamento contenuto nel Nuovo Testamento, in tema di adorazione. Asseriscono che nel Nuovo Testamento non vi sia alcun collegamento fra l'adorazione e le forme espressive legate al ballo, alla recitazione o altre forme di arte. Alcuni si sono spinti al punto di affermare che non esistono prove che siano stati utilizzati strumenti musicali nell'adorazione del Nuovo Testamento e, per questa ragione, l'utilizzo di questi ultimi sarebbe proibito da Dio ai nostri giorni. Altri rifiutano anche l'utilizzo degli inni scritti da uomini – e da donne – e insistono che l'unica forma di adorazione legittima sia rappresentata dall'uso delle parole contenute nei Salmi. Probabilmente, essi escludono il Salmo 150 che suggerisce apertamente di adorare il Signore con il tamburello e la danza!

Adorazione e creatività

Tutto questo nega, ai cristiani che adorano, la possibilità di esprimere una delle capacità umane più belle e importanti che Dio ci abbia donato: la creatività. La creatività guidata dallo Spirito Santo è una delle modalità espressive più naturali per dimostrare la nostra adorazione e l'amore che nutriamo nei confronti Dio. Dio Padre ha creato il mondo attraverso Dio il Figlio, per mezzo di Dio, lo Spirito Santo. Sicuramente la Trinità gioisce quando adoriamo utilizzando tutti i doni creativi di cui disponiamo. Il fatto che queste manifestazioni di lode esteriore non siano formalizzate o richieste nel Nuovo Testamento, non significa che Dio ne abbia proibito l'utilizzo. Vuol dire, piuttosto, che siamo liberi di seguire lo Spirito Santo, nei limiti di quanto contenuto nelle Scritture, quando adoriamo Dio in Spirito. Il Nuovo Testamento non stabilisce nessuna forma specifica di adorazione. Essa può variare nel tempo e a seconda dei luoghi geografici, sulla base dei diversi aspetti culturali. Non seguiamo le pratiche legate all'adorazione descritte nell'Antico Testamento, piuttosto impariamo dai principi riferibili alla gioia, all'adorazione e alla creatività, così come enunciati nell'Antico e nel Nuovo Testamento. Esistono due Testamenti, ma una sola Bibbia! Sicuramente lo stesso Spirito che ha ispirato Besaleel, e gli ha conferito l'abilità di creare gli oggetti necessari per il tabernacolo di Mosè, è in grado di elargire la creatività necessaria ad adorare Dio a tutti coloro che ne vogliano fare uso, utilizzando ogni espressione del nostro essere, tutti i nostri doni, e le nostre capacità. Esodo 30:30-35 descrive non solo come Besaleel possedesse un'attitudine particolare per la progettazione artistica, ma mostra anche come Dio gli avesse donato la capacità di tramandare ad altri le stesse attitudini artistiche. È evidente come Dio abbia dato una particolare importanza all'arte nell'ambito dell'adorazione.

L'arte nella vita della Chiesa

In ultima analisi, la Bibbia è la Parola di Dio per l'uomo. Le Scritture, tuttavia, possono anche essere considerate opere di stile creativo. Dio ha usato uomini che avevano una visione

Adorare in spirito e verità

artistica per "vedere" il mondo attraverso i suoi occhi, e per comunicare quella rivelazione, attraverso l'interpretazione creativa e la conoscenza della verità di Dio, al suo popolo e più in generale al mondo intero. Apprendiamo come Dio abbia utilizzato poeti e, allo stesso tempo, pescatori, musicisti e uomini di potere, scrittori e pastori. Alcune delle opere dei profeti sono capolavori artistici. Si pensi alla qualità poetica del libro di Isaia, al romanticismo del libro di Salomone, alle mimiche di Ezechiele e al dramma di Osea, la cui vita piena di amore e passione rappresenta una metafora di grande ispirazione per tutti gli esseri umani. Le Scritture rivelano senza alcun dubbio l'opera del Dio creativo.

Come abbiamo letto, la creatività di Dio ha dato vita alla creazione. Egli ha poi usato il suo potere creativo anche per ricreare l'uomo in Cristo. Noi siamo l'opera di Dio in Cristo. Efesini 2:10 descrive quest'opera creativa di Dio nella nuova creazione. Paolo scrive che siamo il suo "capolavoro", la sua "espressione creativa" in Cristo. Il termine usato è poiema, da cui deriva la parola "poema". Per questa ragione possiamo essere sicuri che è la volontà di Dio che l'arte sia utilizzata nella Chiesa, come mezzo potente di comunicazione con lui e con il prossimo. L'adorazione dovrebbe coinvolgere ogni forma creativa possibile, sotto il controllo dello Spirito Santo.

L'utilizzo dell'arte nell'adorazione

L'arte è collegata all'immaginazione creativa. Le verità spirituali acquistano chiarezza e diventano reali e tangibili attraverso la meditazione creativa e la riflessione. L'espressione artistica tangibile trasforma la realtà spirituale in esperienza personale, rilevante, comprensibile, accessibile e piacevole. Gesù ha usato i principi dell'arte nei suoi insegnamenti, dipingendo immagini reali e degne di essere ricordate dalla gente che lo ascoltava; narrando storie creative i cui protagonisti erano persone reali, che vivevano situazioni reali e quotidiane. In questo modo Gesù rendeva possibile ai suoi seguaci di identificarsi con le verità riguardanti il regno di Dio. La nostra adorazione

Adorazione e creatività

può diventare ancora più bella e rilevante attraverso l'arte. L'arte può agevolare un'adorazione di Dio maggiormente appassionata ed espressiva, poiché le forme d'arte utilizzate nell'adorazione aiutano a immaginare Dio, attraverso dettagli reali e intensi che, di conseguenza, facilitano l'espressione di ciò che, diversamente, sarebbe difficilmente esprimibile.

Non vi è limite al modo in cui la varietà degli strumenti artistici può diventare parte fondamentale della nostra adorazione:

La musica
La bellezza della musica consiste nella bellezza di un "linguaggio universale", che rende possibile l'espressione di tutta la varietà delle emozioni umane, quali la gioia, la tristezza, la pace, la tranquillità e l'amore.

I cantici
Gli autori dei cantici possiedono l'abilità di usare il linguaggio per esprimere idee, pensieri ed emozioni sotto forma di parole attraverso le quali vengono descritte le ricchezze più profonde del cuore dell'uomo.

La pittura
I grandi dipinti catturano in forma tangibile immagini e concetti insiti nel cuore dell'uomo. Le immagini parlano più forte e, spesso, in modo più eloquente del linguaggio prosaico e conducono al cuore della rivelazione divina. Oratori talentuosi hanno usato il linguaggio grafico ed espressivo per comunicare verità assolute; le arti grafiche hanno reso possibile la trasposizione del linguaggio a un livello superiore.

La danza
Il corpo umano è un dono di Dio ed è immensamente adatto ad esprimere l'adorazione verso di Dio. I movimenti del corpo, i cambiamenti nella postura, quali inginocchiarsi e sollevare le mani, sono tutte espressioni naturali e significative dello

Adorare in spirito e verità

spirito dell'uomo, nell'ampia varietà delle situazioni legate all'essere umano. La danza può fare propria questa abilità umana e svilupparla, trasformandola in potente espressione di adorazione e comunicazione profetica.

La recitazione
La recitazione permette all'attore di comunicare con il pubblico. La recitazione conferisce un significato forte all'adorazione, permettendo alle persone di rivedere se stesse nell'esibizione e, attraverso questo punto d'osservazione privilegiato, relazionarsi a Dio in maniera più profonda.

La poesia
La poesia evoca immagini e comunica idee, pensieri ed emozioni, secondo uno stile narrativo evoluto e attraverso una particolare forma stilistica. Le espressioni poetiche possono essere particolarmente ricche ed esplicative. L'adorazione si arricchisce attraverso il nuovo significato che il razionale e l'ordinario acquisiscono, rimandando alla presenza e all'attività svolta da Dio nel mondo.

L'architettura
L'architettura può agevolare l'approccio a un'esperienza di adorazione significativa. Le sinagoghe ebraiche erano progettate in modo che fossero circondate da un cortile che separava l'area principale, designata alla lode e all'insegnamento della Parola, dai luoghi della vita quotidiana. Questo dava la possibilità di abbandonare la sfera del quotidiano, con le sue preoccupazioni e le distrazioni, e permetteva agli utilizzatori del tempio di predisporsi all'adorazione di Dio. Gli edifici sacri progettati sapientemente aiutano ad approcciarsi a Dio con maggiore facilità. A volte si tratta di spazi particolarmente ampi in cui illuminazione e decorazioni appropriate guidano lo sguardo e, con esso, lo spirito dell'uomo verso Dio.

Adorazione e creatività

La cinematografia
I film rappresentano, ai giorni nostri, l'equivalente delle antiche parabole. La tecnica cinematografica può condurre gli individui ad estraniarsi dalla realtà e, insieme, a vedere e vivere esperienze che arricchiscono e provocano cambiamenti profondi. Le pellicole cinematografiche, e l'uso delle tecnologie multimediali, può potenziare l'adorazione nell'era tecnologica e visiva.

La decorazione
La decorazione non è solo una forma di abbellimento di un particolare edificio, essa aiuta anche a creare un ambiente che agevoli l'adorazione. La decorazione di un edificio può essere espressione della natura e del carattere di Dio. I colori caldi descrivono la bontà di Dio, i colori accesi la gloria e la vita di Dio, le gradazioni di verde parlano del riposo di Dio e del suo mondo naturale, e via dicendo.

L'allestimento
La particolare disposizione del palco può agevolare o ostacolare l'adorazione. La disposizione come in un teatro, facilita il coinvolgimento dell'assemblea con la predicazione, l'insegnamento e l'adorazione. La disposizione secondo uno schema più flessibile favorisce la comunicazione e la comunione fra le persone. Questi aspetti vanno pianificati con attenzione e creatività, allo scopo di arricchire l'esperienza di lode di tutta la chiesa.

Evitare i pericoli
L'arte può essere pericolosa. Può turbare e incoraggiare. Può ammonire e insegnare. Si tratta, comunque, di aspetti positivi. Tuttavia, l'arte può anche sedurre e ingannare. Non sorprende il fatto che il nemico delle nostre anime si sia insinuato in questi ambiti della cultura umana. Egli sa che attraverso l'arte può indurre in tentazione i cuori, accecare la vista, e piegare la volontà delle persone. La presentazione delle menzogne sotto

Adorare in spirito e verità

forma d'arte è pratica comune nelle culture di tutto il mondo. La Chiesa deve essere consapevole dei pericoli connessi con la scelta di introdurre l'arte nell'ambito del servizio a Dio.

L'idolatria
La popolarità delle forme d'arte fine a se stesse, e la grande popolarità che accompagna gli artisti di successo, talvolta, determina uno sconfinamento nell'idolatria. Le stesse forme d'arte utilizzate nell'ambito della Chiesa non sono immuni da questo pericolo. Dobbiamo salvaguardarci da questo rischio facendo in modo che né arte né artisti prendano il posto dello Spirito di Dio nelle nostre vite, o nel servizio prestato a lui.

Un aspetto particolarmente complicato è quello della rappresentazione della divinità. Dio è Spirito e non è possibile rappresentare materialmente lo Spirito senza sottrarne l'essenza stessa. Creare o utilizzare qualsiasi immagine idolatrica di Dio nel corso della nostra adorazione, come abbiamo letto al capitolo 3, è contrario al secondo comandamento. Re Geroboamo ha fatto scolpire due vitelli d'oro e ne ha portato uno a Dan e uno a Betel. Il re lo fece per condurre il popolo del neonato Regno del Nord lontano dal tempio di Gerusalemme. 1 Re 12:25-31 suggerisce come non intendesse necessariamente creare degli idoli per il popolo o rappresentazioni di Dio, ma voleva che il popolo da lui governato potesse concentrarsi sui simboli che lui stesso aveva creato. Questo rappresentava un ostacolo per il popolo d'Israele, perciò fu ripetutamente condannato dai profeti del Signore – si veda Is 2:8; Gr 50:2; Ez 6:4-6; Mi 1:7, Ac 2:18 e Za 13:2.

La facilità con la quale l'idolatria entra nel cuore dell'uomo può essere analizzata in Giudici 8:27; 15:5 e 2 Re 18:4. Geremia 7:1-15 descrive come lo stesso tempio divenne una sorta di idolo quando il popolo seguì il principio superstizioso secondo cui il tempio poteva rappresentare una specie di "talismano", che proteggesse contro la distruzione degli eserciti invasori. L'arte non deve mai essere utilizzata come strumento idolatra a sostegno dell'adorazione.

Adorazione e creatività

Il ghetto culturale
Un altro pericolo da evitare è quello che consiste nell'utilizzare l'arte per produrre un ghetto cristiano, ovvero una sorta di sub-cultura cristiana, isolata dal mondo. In altre parole, non dovremmo lasciare che l'arte nel mondo sia solo nelle mani del nemico. È, invece, necessario promuovere l'arte nella Chiesa e, insieme, usare l'arte fuori dalle Chiese, partecipando attivamente alla cultura che ci circonda. Al capitolo 2 abbiamo discusso di come la vera adorazione includa la totalità della vita – Gesù è Dio di ogni ambito della vita, e non solo di quelle che definiamo "le parti spirituali". Allo stesso modo non dovremmo sviluppare il concetto di "arte sacra" contro quello di "arte profana". Così facendo, infatti, si cede al nemico tutto quello che è "mondano", e ci si sottrae al principio secondo il quale siamo il sale e la luce di questo mondo. Dovremmo concedere agli artisti cristiani la libertà di sviluppare la propria arte nel mondo senza pretendere che esprimano sempre le proprie capacità artistiche secondo i modi considerati accettabili dalla chiesa. Solo così saremo capaci di dichiarare apertamente che l'adorazione attiene alla vita nella sua interezza, non solo all'ambito ristretto del culto, così come celebrato nelle chiese! Lo scrittore cristiano, così come il musicista, sono da considerarsi servitori di Dio, sia quando la loro arte descrive situazioni attinenti alla quotidianità, sia quando quest'ultima si riferisce alle storie del Vangelo, o quando si cantano inni sacri – tutto questo solo se l'artista, nell'atto del creare, è rimasto fedele al suo credo cristiano!

La sensualità
Poiché l'arte spesso coinvolge i sensi fisici, può essere usata per promuovere il tipo di sensualità meno opportuno. La sensualità è di per sé un attributo donato da Dio all'uomo. Dio ci ha fatto dono dei cinque sensi e, con essi, della capacità di riconoscere la bellezza e il senso estetico. Tuttavia, l'attrazione può essere così forte da provocare lo stimolo sbagliato nel cuore dell'uomo. Il corpo umano, usato nella danza, per esempio, è una creazione

Adorare in spirito e verità

di Dio esteticamente bella. La sensualità presente nel cuore dei danzatori, e in quello del pubblico, va però controllata, fino ad arrivare al punto di crocefiggere la carne e dare piena libertà allo Spirito Santo. L'arte davvero ispirata dallo Spirito non produce l'effetto sensuale che l'arte, prodotta della carne, genera. La resa assoluta a Dio è l'unica via.

Lo spettacolo
Questo ambito è collegato ai motivi del cuore. "Nell'arte dello spettacolo" è sempre insita una forma di esibizionismo. Tuttavia, quando l'unico stimolo dell'artista è l'esibizione, allora l'arte diventa solo spettacolo. Questo provoca la risposta sbagliata del pubblico e interferisce con l'esperienza dell'adorazione. Ogni forma d'arte – che sia essa il canto, il ballo, la musica o la recitazione – deve essere sempre sottomessa allo Spirito Santo e offerta a Dio come atto di adorazione. In questo modo si assoggetta lo "spirito dell'esibizione", e si concede spazio a Dio per operare nella vita dell'artista e del suo pubblico. Come descritto nel libro Il Regno Dio, dobbiamo ricordare come il problema dell'esibizione non abbia a che fare solo con l'artista. Ogni volta che preghiamo, digiuniamo o facciamo offerte a Dio, dobbiamo fare attenzione a non agire motivati da uno spirito di esibizione, per attirare l'attenzione o l'approvazione altrui. Deve essere per Dio, e solo per lui.

L'intrattenimento
Con il rischio dell'esibizione si corre anche il rischio che l'adorazione diventi un puro intrattenimento. Ancora una volta, la motivazione è tutto. Se lo scopo dell'artista è quello di attirare l'attenzione o il riconoscimento della folla su di se, allora il pubblico risponderà considerando l'arte come pura forma d'intrattenimento. Esiste un posto per questo tipo di arte, e non è l'adorazione. L'adorazione in spirito e verità è sempre dedicata al Padre. Vogliamo onorare lui, non noi stessi.

Adorazione e creatività

La distrazione
Si tratta della somma di tutti i pericoli nei quali si può incorrere quando si pratica l'adorazione attraverso l'utilizzo di forme espressive artistiche. Quando l'arte è eccessivamente enfatizzata nell'adorazione creativa, siamo distratti da quello che deve essere il centro dell'adorazione: Dio. L'arte dovrebbe integrare la predica e l'insegnamento della Parola e non sostituirsi a questa. Nella tradizione della Chiesa è sempre stato difficile accettare nuove forme di adorazione, e quasi ogni novità ha trovato resistenza all'interno della comunità religiosa. Fino a quando la novità diventava nuova tradizione e, così, l'iter ricominciava dal principio. Un tempo l'organo ha rappresentato un'innovazione scandalosa nell'ambito dell'adorazione in chiesa. Oggi, lo stesso è considerato lo strumento principe dell'adorazione tradizionale. La distrazione, allora, non ha nulla a che fare con la reazione negativa nei confronti delle nuove forme di adorazione. Essa è collegata con la forma d'arte che diventa fine a se stessa, oltre che il centro dell'adorazione stessa. Ai nostri giorni lo Spirito Santo utilizza la danza, la recitazione, la commedia musicale moderna e un'ampia gamma di espressioni artistiche allo scopo di agevolare l'adorazione di Dio, e conferire ad essa maggiore bellezza, passione e potenza. L'arte davvero sottomessa a Dio non costituisce mai una distrazione, e non dobbiamo temere di offrire a Dio tutto quello di cui siamo capaci quando lo adoriamo in spirito e verità.

Un dono per il mondo
Al capitolo 2 abbiamo considerato il ruolo giocato dall'adorazione nelle nostre vite vissute fuori dalla Chiesa. Abbiamo appreso come l'adorazione debba essere parte integrante della vita nella sua interezza. In un certo senso, tutto quello che facciamo "alla gloria di Dio" è adorazione. Lo stesso principio vale per l'arte cristiana. Attraverso la resa completa delle nostre espressioni artistiche al Signore, non saremo solo in grado di dare maggiore risalto all'adorazione in

Adorare in spirito e verità

Chiesa, ma potremo offrire la nostra arte come dono di Dio al mondo. Attraverso l'arte possiamo comunicare la passione di Dio per coloro che non credono in lui, la sua compassione per coloro che soffrono, l'odio di Dio per l'ingiustizia, e il desiderio che l'umanità lo conosca e che in essa si compia lo scopo per cui siamo sulla terra. In questo modo possiamo davvero avere un impatto potente sul mondo – abbiamo discusso di questa necessità di coinvolgere la società al capitolo 6 del libro di questa serie, *Raggiungere i Perduti*.

Gli artisti, prima di tutto, dovrebbero essere credenti consacrati al Padre. In questo modo, le loro opere potrebbero raggiungere nuovi livelli creativi e le loro espressioni artistiche racchiuderebbero la prospettiva di Dio. La nostra arte dovrebbe essere valida almeno tanto quanto quella offerta dal resto del mondo – e anche migliore! Questo porta con sé il mandato profetico di confortare gli afflitti e di affliggere coloro che sono a proprio agio! Questa è la missione dell'adorazione in spirito e verità.

Capitolo decimo

Lo Spirito Santo e l'adorazione

Nel libro *Gloria nella Chiesa*, leggiamo come l'adorazione rappresenti il dovere supremo e ultimo della Chiesa Cristiana tutta. Prima di ogni altra cosa, la chiesa universale (e ogni espressione locale della stessa) è chiamata a essere una comunità di individui che adorano il Signore. Quando l'adorazione in spirito e verità non è il centro di ogni congregazione, tutte le altre attività della comunità sono destinate a essere prive di significato.

In Filippesi 3:3, l'Apostolo Paolo scrive che adoriamo Dio "per mezzo dello Spirito di Dio". Alcune versioni della Bibbia traducono questo passo "nello Spirito". La differenza è minima – entrambe le versioni spiegano come la vera adorazione dipenda dallo Spirito Santo.

Senza l'aiuto dello Spirito non siamo in grado di offrire al Padre parole o azioni accettabili. Come descritto nei libro *Conoscere lo Spirito*, è lui che ispira la nostra lode e le nostre preghiere, ci guida nella verità, ci convince di peccati ed elargisce doni affinché possiamo adorare e servire Dio.

I capitoli più importanti scritti da Paolo sull'adorazione collettiva – 1 Corinzi 11-14 – contengono il verbo greco oikodomeo. Questo termine significa letteralmente "costruire una casa", ma è comunemente tradotto come "edificare". 1 Corinzi 14:26 suggerisce come ogni aspetto dell'adorazione collettiva dovrebbe favorire la comunione fra i membri della congregazione e, in questo modo, edificare la chiesa.

In questo libro abbiamo appreso come l'adorazione sia qualcosa di più che cantare inni di lode e pregare. Adorare e servire, sono la risposta più giusta del credente all'iniziativa di Dio nei nostri confronti. Questo include il modo in cui offriamo

Adorare in spirito e verità

i nostri corpi come sacrificio a Dio per servirlo, il sacrificio dei nostri averi nel donare e dare ospitalità, e il sacrificio della nostra adorazione in una gioia continua. Tutti questi sacrifici, che consistono nell'adorare e servire, devono essere offerti nello Spirito e edificare la Chiesa di Cristo.

Nel tentativo di rendere questi insegnamenti semplici e di facile comprensione, alcuni insegnanti separano questi due aspetti dell'adorazione. Insegnano come lo Spirito guidi la nostra adorazione e, separatamente, insegnano come l'adorazione dei credenti debba contribuire a edificare la Chiesa.

Tuttavia, questo tipo di approccio potrebbe suggerire che i due aspetti dell'adorazione siano separati. Lo Spirito, però, opera per creare una chiesa che offra un'adorazione accettabile a Dio e che, allo stesso tempo, edifichi la chiesa. Questo vuol dire che il ruolo dello Spirito nell'adorazione consiste in qualcosa di più dell'ispirare un inno e creare un'atmosfera sacra – egli ci plasma insieme nell'amore.

Lo Spirito crea unità

Il Salmo 133 è un magnifico Salmo profetico sul popolo di Dio e sull'unità dello Spirito. Descrive la rettitudine morale e la gioia emotiva derivanti dall'unità, e associa questi concetti all'olio dello Spirito che consacra, e alla rugiada celeste dello Spirito. Il Salmo spiega come questa unità dello Spirito sia benedetta da Dio con il dono della vita eterna.

Il salmo 133 è il penultimo "Canto dei pellegrinaggi" e, secondo numerosi studiosi, potrebbe essere stato cantato dai pellegrini dell'Antico Testamento alla fine del loro viaggio, quando erano ormai vicini al tempio di Gerusalemme, dove si recavano per adorare il loro Dio, portando un sacrificio in occasione della celebrazione delle festività.

I pellegrini lasciavano le proprie case e i villaggi in cui vivevano da soli o a gruppi di due, e si univano ad altri viaggiatori lungo la strada. Secondo la tradizione popolare, questo Salmo era cantato per celebrare la scoperta dell'unità

Lo Spirito Santo e l'adorazione

di cui essi godevano in Dio e, insieme, la gioia derivante da uno scopo condiviso ovvero la celebrazione di una grande ricorrenza.

Il Salmo 133 descrive una verità importante: il nostro cammino di fede personale, all'inizio della conversione e in una fase successiva, dipende interamente dalla nostra volontà, così come adorare il nostro Dio. Il Salmo spiega anche, però, come Dio abbia piani più grandi e operi perché possiamo entrare in comunione con altri credenti e offrire a Dio quell'adorazione collettiva che è unità guidata dallo Spirito.

In Efesini 4:1-16, l'Apostolo Paolo non fa riferimento al Salmo 133, ma insegna ai lettori la stessa verità. Paolo spiega come lo Spirito crei "unità nella diversità", e come sia compito del credente mantenere questa unità e non distruggerla. Proprio come ogni altra cosa inerente la vita cristiana, anche l'unità è frutto della grazia di Dio, eppure dobbiamo adoperarci personalmente per praticarla e svilupparla.

È quasi impossibile pensare che si possa dare un'enfasi eccessiva a quest'opera dello Spirito. Si tratta, in effetti, di uno dei grandi temi del Nuovo Testamento, di grande rilievo nella vita e nell'insegnamento della chiesa delle origini. Per esempio:

- ◆ Nel corpo non vi è distinzione di razza, genere, classe sociale o istruzione – Colossesi 3:11 e Giacomo 2:1-14
- ◆ La distanza naturale e l'ostilità esistente fra etnie, classi e culture diverse deve essere superata – Efesini 2:15
- ◆ Non vi è spazio per l'ostentazione o l'orgoglio personale poiché ogni cosa è dono di Dio – 1 Corinzi 4:7
- ◆ È necessario compiere ogni sforzo perché l'unità e la comunicazione fra i diversi gruppi di credenti possa essere mantenuta integra – Atti 8; 15; 18:21; 20:16; Romani 15:26; 1 Corinzi 16:1 e 2 Corinzi 8-9
- ◆ I credenti devono essere schierati dalla stessa parte e servire insieme – Filippesi 1:27; 2:1-2 e 4:1-3

Adorare in spirito e verità

- Non esiste credente o gruppo di credenti dotati di una conoscenza superiore – Colossesi 1:26-28; 1 Giovanni 2:20-27.

L'unità ad Antiochia
La chiesa di Antiochia costituisce un esempio eccellente di unità nello Spirito. Atti 13:1-2 descrive come la guida della chiesa fosse condivisa, e questo includeva profeti e insegnanti. Inoltre, i capi religiosi erano formati da un folto gruppo di persone diverse. Per esempio:

- Barnaba era ricco, proprietario terriero, cipriota levita
- Simeone era un Africano, dalla pelle nera
- Lucio era un Ebreo, proveniente dal Nord Africa
- Manaem era stato educato alla corte del re Erode
- Saulo/Paolo era un fariseo che aveva studiato con Gamaliele.

La diversità di questo gruppo di guide mostra il tipo di unità creata dallo Spirito. Si può sicuramente dire che la volontà di Dio per la sua chiesa – si veda Gv 17:21 – era compiuta in questa comunità di credenti, i quali furono proprio i primi a essere chiamati "cristiani".

Antiochia rappresenta la prima esperienza di Paolo come guida di una chiesa, e sembra essere il luogo che ha dato vita e forma alla visione dell'apostolo sull'unità dei credenti.

Questo spiega l'indignazione e lo sconforto di Paolo alla notizia della divisione emersa nella chiesa di Corinto – egli sapeva che la situazione avrebbe dovuto e potuto essere diversa.

La divisione a Corinto
Nei primi tre capitoli della prima lettera di Paolo ai Corinzi, l'apostolo si sofferma sul problema dell'unità. Sembrerebbe che i credenti Corinzi si dedicassero alla fede in maniera meramente intellettuale, e che dessero particolare importanza

Lo Spirito Santo e l'adorazione

a giudicare quale fossero le persone in autorità che avessero, in generale, un'influenza maggiore.

In 1 Corinzi 1-3, Paolo insiste nel puntualizzare che il Vangelo non è paragonabile alla saggezza dei filosofi, e che i suoi insegnanti non sono semplici intellettuali; piuttosto, si tratta di lavoratori che operano insieme all'interno della vigna di Dio – uno pianta, l'altro innaffia, ma solo Dio ha il potere di far crescere.

In questi capitoli Paolo introduce una serie di principi fondamentali che sottolineano la relazione esistente fra l'unità determinata dallo Spirito e la Chiesa come comunità dedita all'adorazione:

- ◆ La Chiesa, proprio come Cristo, non può accettare la divisione – 1:13.

- ◆ Dio ha creato la Chiesa come il tempio in cui risiede lo Spirito – 3:16.

- ◆ Chiunque tenti di demolire il tempio di Dio, incoraggiando la divisione, verrà eliminato da Dio – 3:17.

Nell'identificare la Chiesa come il nuovo tempio, Paolo implica che il compito della Chiesa sia l'adorazione, e che la stessa sia stata edificata per essere ripiena della presenza di Dio. Così come nel vecchio tempio esisteva un luogo separato per l'adorazione che, al momento del sacrificio, era colmo della gloria di Dio, così il nuovo tempio, la Chiesa, è stato edificato per l'adorazione, e per essere la comunità che ha il compito di rivelare la presenza gloriosa di Dio nel mondo, e al mondo.

1 Pietro 2:5 sviluppa questa metafora del "tempio", aspetto approfondito nel libro *Gloria nella Chiesa*. Allo stesso modo, la preghiera di Gesù sull'unità, in Giovanni 17, è recitata nel contesto dell'adorazione – in occasione della Pasqua, nel periodo immediatamente successivo all'istituzione della Cena del Signore e all'introduzione dell'opera dello Spirito santo. La supplica di Paolo perché vi fosse unità all'interno della chiesa, in 1 Corinzi 1-3, prepara la strada all'insegnamento dell'apostolo

Adorare in spirito e verità

sull'adorazione collettiva, la Cena del Signore, e l'opera dello Spirito Santo nell'adorazione.

Fino a quando non comprenderemo che la volontà di Dio è quella di portarci da un'adorazione individuale ad un'adorazione collettiva, (cooperando con lui secondo la sua volontà), fino a quando non apprezzeremo l'importanza fondamentale dell'opera dello Spirito in relazione all'unità della chiesa, (facendo tutto quello che è in nostro potere per mantenere e sviluppare quello che lo Spirito ha fatto), tutti i nostri tentativi di adorare in Spirito sono vani.

Lo Spirito genera comunione
Lo Spirito non genera solo unità, crea anche la *koinonia*, la comunione o unione – che è la principale espressione concreta e tangibile dell'unità.

Abbiamo approfondito questo aspetto nel libro *Gloria nella Chiesa* – dove vediamo come il significato biblico del termine "comunione" sia letteralmente "condivisione". Questo vuol dire "avere una parte di qualcosa", "donare una parte di qualcosa" e "condividere qualcosa con qualcuno".

2 Corinzi 13:14 e Filippesi 2:1 descrivono la "*koinonia* dello Spirito". Questa rappresenta "la condivisione che deriva dallo Spirito", o "condividere in Spirito": le due interpretazioni non sono contrastanti, poiché lo Spirito dona una parte di sé a ciascun credente. La comunione che abbiamo con gli altri credenti, di conseguenza, si fonda sulla nostra comune condivisione nello Spirito Santo.

In Atti 2:42-47 e 4:32-37 abbiamo l'illustrazione biblica di questa condivisione creata dallo Spirito Santo. I nuovi credenti consacrarono se stessi alla "comunione", manifestandolo con il sacrificio dei propri beni, e con il sacrificio di esprimere quella gioia senza fine che abbiamo analizzato nei paragrafi precedenti, a tal punto da attrarre un gran numero di persone alla fede cristiana.

Possiamo affermare che, i modi con cui i credenti hanno espresso questa comunione, hanno influito sulla loro

Lo Spirito Santo e l'adorazione

adorazione e determinato la crescita spirituale della chiesa. Atti 11:27-30 descrive pure lo stesso tipo di condivisione.

Lo Spirito rende possibile l'adorazione

Il libro di Atti descrive come lo Spirito abbia guidato i primi credenti a un'adorazione profonda. Essi celebravano la Cena del Signore nelle loro case; condividevano i pasti con grande gioia, erano ripieni della lode di Dio – anche quando erano in prigione o perseguitati. In Atti 2:47 e 3:8-9 leggiamo come la lode e l'adorazione fossero il risultato diretto dell'opera dello Spirito Santo nella vita dei credenti.

Come abbiamo letto al capitolo 5, i credenti partecipavano all'adorazione che si teneva nel tempio, agli incontri nelle case dei fratelli, al culto nelle sinagoghe e agli incontri di preghiera organizzati in altri luoghi.

Ogni qualvolta Atti descrive i credenti in adorazione, (dopo la separazione dal Giudaismo), lo Spirito Santo viene inevitabilmente menzionato. Atti 4:23-31, per esempio, spiega come la chiesa cominciò immediatamente a pregare, invece di reagire e ribellarsi, quando Pietro e Giovanni fecero ritorno con le istruzioni decise dal Consiglio. La preghiera di questi credenti era incentrata sulle istruzioni del Salmo 2 e, in quell'occasione, lo Spirito Santo si manifestò con grande potenza durante la preghiera e l'adorazione.

In Atti 13:1-3, nel periodo precedente al primo viaggio missionario, la chiesa di Antiochia era unita nell'adorazione e praticava il digiuno. Fu in quella circostanza che lo Spirito rivelò la sua volontà e chiamo a servire Paolo e Barnaba. Ancora una volta si realizza il principio biblico secondo cui il servizio pratico scaturisce dall'adorazione in spirito.

Lo stesso vale per le lettere scritte da Paolo. Egli chiarisce in 1 Corinzi 14:25 come coloro che avessero visitato una chiesa durante l'adorazione, (laddove i membri della congregazione fossero stati aperti allo Spirito Santo e gli avessero permesso di parlare attraverso loro), avrebbero avuto coscienza della presenza di Dio in quel luogo, e sarebbero stati indotti ad

Adorare in spirito e verità

adorare. Possiamo, inoltre, affermare che l'Apocalisse di Giovanni è il risultato dell'opera dello Spirito Santo nell'apostolo, consacrato all'adorazione, nel giorno del Signore.

Lo Spirito Santo è l'ispiratore delle Scritture
L'ispirazione delle Scritture, che avviene per opera dello Spirito, è strettamente collegata alla capacità dello stesso Spirito di ispirare l'adorazione.

Come abbiamo visto nella serie *La Spada dello Spirito*, i profeti dell'Antico Testamento dichiaravano di essere stati chiamati, e di essere ispirati dallo Spirito di Dio. In Marco 12:36, Gesù conferma l'ispirazione divina del Salmo 110; Atti 1:16, 4:25 e 2 Timoteo 3:16 attribuiscono l'Antico Testamento, in modo chiaro, all'opera dello Spirito Santo.

1 Pietro 1:10-12 e 2 Pietro 1:20-21 contengono la chiara interpretazione biblica di come avvenga l'ispirazione divina. 2 Pietro 1:20-21 fa uso della metafora greca che descrive come la barca a vela sia in balia dei venti. I profeti innalzarono le loro "vele" al vento dello Spirito Santo – erano attenti, ricettivi e ubbidienti – ed egli li riempì e li guidò nella direzione e verso la destinazione scelta da lui.

Questo è l'esempio classico del tipo di comunione con lo Spirito ampiamente descritta nel libro *Conoscere lo Spirito*. Lo Spirito cooperava con uomini e donne illuminati, che si aggrappavano a lui. Egli non soppresse la loro personalità e le loro caratteristiche socio-culturali, né li usò come puri e semplici registratori; sussurrò, invece, i suoi pensieri ai loro spiriti ed essi tramandarono quanto appreso, ciascuno secondo le proprie attitudini e peculiarità.

Tuttavia, i primi credenti non si soffermarono solo su quanto lo Spirito aveva insegnato nel passato, utilizzando, nel corso della lode e dell'adorazione, solo i frutti di passate rivelazioni da parte dello spirito. Essi sapevano che Gesù aveva promesso loro lo Spirito, e aveva promesso che lo Spirito li avrebbe istruiti e guidati nella verità. Erano coscienti del fatto che lo Spirito li aveva guidati fin dalla Pentecoste.

Lo Spirito Santo e l'adorazione

Di conseguenza, lo stesso Spirito che aveva ispirato i profeti e predetto la venuta di Gesù, ora avrebbe ispirato coloro che erano impegnati a testimoniare Gesù. Questo è l'argomento principale trattato da Pietro in 1 Pietro 1:10-12, e questo spiega perché Pietro abbia collegato le lettere di Paolo all'Antico Testamento in 2 Pietro 3:16.

Per questa ragione Paolo sosteneva di possedere la mente di Cristo, di proclamare la parola di Dio, di insegnare quanto ispirato dallo Spirito e chiedeva che le sue lettere fossero lette ad alta voce nella pubblica assemblea – 1 Co 2:13-16; 14:38; Cl 4:16 e 1 Te 2:13.

Come vediamo nei libri *Fede Viva* e *Ascoltare Dio*, le scritture rappresentano la parte fondamentale di ogni ambito della vita cristiana e della fede, per questa ragione la lettura della Bibbia è sempre stata il cardine dell'adorazione pubblica e privata nella chiesa.

Alcuni accusano i cristiani protestanti quasi di adorare la Bibbia. Tuttavia, noi non leggiamo le Scritture allo scopo di adorarle, le studiamo perché in esse incontriamo lo Spirito che le ha ispirate. Leggiamo le Scritture per imparare da Dio ed essere trasformati da lui a immagine di Cristo – così come Paolo spiega in 2 Corinzi 3:1-18.

Lo Spirito fa crescere la Chiesa

Sembra che la Chiesa di Corinto fosse una comunità particolarmente capace e dotata. Era vitale, dinamica, libera, aperta, fiduciosa e vivace, eppure la stessa comunità correva anche un serio pericolo.

Fin dalla prima lettera di Paolo, appare chiaro come i Corinzi commettessero due errori fondamentali. Sembrava che credessero che le manifestazioni straordinarie e d'incontrollabile euforia fossero il sigillo della presenza dello Spirito. Inoltre sembravano dare maggiore peso alle persone che parlavano in lingue che a quelle che profetizzavano e insegnavano la parola.

Ritenendo che quell'euforia, che portava alla perdita

dell'autocontrollo, fosse un segno certo dell'ispirazione divina, essi negavano la razionalità, la personalità e l'integrità dello Spirito Santo. I Corinzi dimenticavano che egli era lo Spirito di Gesù, il quale era perfettamente composto e ordinato nelle sue espressioni.

Questa speciale enfasi, posta su questo tipo di manifestazioni, sembra aver condotto i Corinzi alla conclusione che non era importante il modo in cui essi si comportavano durante il tempo in cui il presunto sigillo dello Spirito rimaneva su di loro. Questo aspetto sembrava aver provocato un eccessivo "individualismo" nella comunità, (coloro che non possedevano i doni erano invidiosi e coloro che ne possedevano erano orgogliosi), danneggiando la comunione e causando competizione e divisione.

Nella prima lettera alla chiesa di Corinto, precisamente in 1 Corinzi 12, Paolo affronta questo problema, dopo aver esaminato le questioni relative alla divisione e all'unità, i problemi pratici che si trovavano ad affrontare nel corso dell'adorazione, la cena del Signore.

1 Corinzi 12
In primo luogo, Paolo ricorda loro come quel parlare concitato, quel tipo di euforia, non avesse origini cristiane. Prima della conversione, i Corinzi erano stati "contagiati e affascinati" dalle dottrine e dalle celebrazioni pagane. È possibile che Paolo avesse usato il termine *apagomenoi* in 1 Corinzi 12:2, per riferirsi ad una possibile esperienza che i Corinzi avevano avuto di possessione demoniaca, in cui erano stati trascinati "fuori da se stessi", esprimendosi con un tipo di linguaggio esagitato nell'adorare quegli idoli pagani.

Non è facile comprendere quello che Paolo volesse dire in 1 Corinzi 12:3. Forse voleva confrontare la lode ispirata dallo Spirito, nella chiesa, con l'adorazione demoniaca, nei luoghi in cui si celebravano le divinità pagane. Oppure, voleva spiegare come, durante il culto nella chiesa di Corinto, qualcuno avesse gridato "Gesù sia maledetto", e come quest'affermazione fosse

Lo Spirito Santo e l'adorazione

stata accettata quale frutto dello Spirito Santo. Non importa quali fossero le ragioni di Paolo, in questa circostanza l'apostolo ci insegna una lezione importante.

Il sigillo della presenza dello Spirito durante l'adorazione è rappresentato dal riconoscere che "Gesù è il Signore". Questo spiega come la prova fondamentale dell'ispirazione divina delle cose sia fondata sulla proclamazione della centralità e dell'onore che spetta solo a Cristo. In questo caso, Paolo ripete i principi descritti nei capitoli 3 e 4 – è lo Spirito stesso che testimonia Gesù, il Signore di tutto l'universo. Il sigillo della presenza dello Spirito è la dichiarazione chiara e inconfutabile della superiorità assoluta di Gesù.

In 1 Corinzi 12:4-6 Paolo mette a confronto la varietà dei doni con l'unità del Donatore. Egli spiega come un unico Dio agisca secondo tre modi differenti:

- ◆ *charismata*, i doni della grazia, collegati con lo Spirito Santo

- ◆ *diakonion*, gli umili atti di servizio, associati con Gesù il Figlio

- ◆ *energemata*, la potenza indispensabile che proviene da Dio Padre.

Questo prova come i doni spirituali possano essere ricevuti solo attraverso il Dono supremo della grazia: non li possediamo per usarli a nostro piacimento, e non si tratta neppure di premi che riceviamo come risultato del nostro comportamento; si tratta, piuttosto, di mezzi utilizzati per la diakonia, per il servizio offerto agli altri, secondo l'esempio di colui che è stato benedetto senza limite dallo Spirito Santo ed è stato il più umile Servo di Dio.

E quando il nostro servire è utile, quando è di aiuto ad altri, quando guarisce e edifica, non è per causa delle nostre sante capacità, ma solo grazie alla potenza che ci ha donato Dio Padre.

Nei versi 7-11, Paolo sviluppa questo concetto insegnando ai Corinzi come lo Spirito impartisca doni diversi a tutti i membri

Adorare in spirito e verità

della Chiesa, e nonostante questi doni siano manifestazioni diverse dello Spirito, *tutti* hanno uno scopo comune che è quello di edificare l'intera Chiesa. Questi doni spirituali sono esaminati in dettaglio nei libri *Conoscere lo Spirito* e *Ministrare nello Spirito*.

In questi versi Paolo ci rende partecipi di un'ulteriore verità che si somma ai criteri secondo cui possiamo discernere l'opera dello Spirito Santo. Nel versetto 3 l'apostolo scrive che dobbiamo chiederci quanto segue:

◆ Gesù viene proclamato in modo inequivocabile come il Signore?

Nel versetto 7 Paolo scrive che dobbiamo porci anche un'altra domanda:

◆ La Chiesa trae beneficio ed è edificata dalla manifestazione dello Spirito Santo?

È essenziale comprendere come il messaggio contenuto nella proclamazione di Gesù come Signore, e l'esito che la stessa ha nella comunità cristiana, rappresentino le due prove più importanti e, insieme, diano la misura delle parole, delle affermazioni, dell'esperienza e del comportamento della comunità cristiana.

In questo passaggio fondamentale, Paolo spiega come l'unità dello Spirito operi attraverso una varietà di doni: l'apostolo attribuisce questi doni alla natura e all'opera di Dio. Poiché Dio stesso è "unità nella diversità", (abbiamo esaminato questo concetto in *Conoscere il Padre*), e lo ha dimostrato nel corso della storia attraverso i suoi atti di creazione e di salvezza, allo stesso modo la Chiesa esprime questa divina caratteristica di "unità nella diversità" quando lui è presente e opera nel suo mezzo.

Un solo Dio è fonte di tutte le diverse manifestazioni dell'Unico Spirito, nel corpo dell'Unigenito Figlio. Queste manifestazioni sono chiamate *energemata*, quando l'enfasi è posta su quello che Dio opera attraverso la sua potenza – come nei versetti 6 e 10; si fa riferimento, invece, al termine

Lo Spirito Santo e l'adorazione

charismata quando l'enfasi viene posta sul dono misericordioso della sua distribuzione divina – come nei versetti 4, 9, e 28; il termine *diakonion* ci ricorda, invece, come tutti i doni e la potenza attribuiti da Dio ai credenti debbano essere messi al servizio del prossimo.

Il Corpo
A partire dal versetto 12 e fino alla fine del capitolo, Paolo sviluppa il concetto dei doni dello Spirito, e utilizza la metafora della Chiesa intesa come il "corpo di Cristo".

È Dio Padre che assegna a ciascuno il proprio compito all'interno del corpo di Cristo, e attribuisce i doni necessari per svolgere il compito assegnato – versetti 18, 24 e 28. È per opera dello Spirito Santo che diventiamo parte del corpo di Cristo – versetto 13.

Paolo spiega come tutti i credenti siano stati battezzati in un solo Spirito e in un solo corpo: alcuni possiedono doni più evidenti di altri, ma tutti siamo stati riempiti dello Spirito Santo, distribuito in abbondanza nelle vite dei cristiani.

Il versetto 12 è particolarmente rilevante. Paolo non scrive che, come per il corpo, così vale anche per la Chiesa – cioè che esso è uno e possiede molteplici parti e tutte le parti, seppure numerose, costituiscono un corpo solo – l'apostolo scrive, invece, così è per Cristo.

La Chiesa non è una comunità di uomini – è l'incarnazione di Gesù. Qualunque cosa rappresenti la Chiesa, tutte le sue opere sono frutto della potenza, della presenza e dell'opera di Cristo. Egli è colui in cui tutti i credenti sono incorporati. Per questa ragione la descrizione che Paolo preferisce del credente è quella che lo definisce "in Cristo".

Paolo spiega ai Corinzi che, se i credenti sono differenti fra loro, è per la presenza di Cristo in loro e perché loro sono in Cristo. I credenti non appartengono alla Chiesa ma a Cristo. Paolo spiega anche come le divisioni all'interno della comunità cristiana non influiscano tanto sull'armonia della Chiesa quanto, piuttosto, su Cristo stesso.

Adorare in spirito e verità

A questo punto, Paolo descrive due tendenze comuni all'interno del corpo di Cristo. Nei versetti 14-20, l'apostolo incoraggia coloro che ritengono di essere inferiori, spiegando come tutte le parti del corpo siano interdipendenti ed egualmente importanti. Nei versetti 21-26 Paolo corregge coloro che sono affetti dal complesso di superiorità. Quando questi si ritengono superiori ai fratelli che possiedono doni e mansioni meno spettacolari, tutto il corpo viene impoverito.

L'intento di Paolo è insegnare ai Corinzi che quando i credenti non contribuiscono, attraverso i doni dello Spirito, all'adorazione e al servizio, a rimetterci è tutta la Chiesa. I Corinzi hanno dovuto imparare di non essere "Cristi" che possiedono tutti i doni, ma membra unite in Cristo, ciascuno con il proprio dono. Non esiste credente che non sia necessario, e non esiste credente autosufficiente; nel corpo di Cristo abbiamo l'uno bisogno dell'altro.

L'amore
A questo punto Paolo descrive la via eccellente, l'amore agape. Paolo spiega come l'amore sia il dono più importante offerto dallo Spirito allo scopo di potenziare l'adorazione ed edificare la Chiesa. Gli altri doni sono tutti importanti – le lingue, la profezia, la conoscenza, la saggezza, i miracoli, e così via –, ma possono operare in modo efficace solo attraverso questo tipo di amore.

L'amore che Paolo descrive in 1 Corinzi 13 non può scaturire da uno sforzo umano, ma solo dallo Spirito Santo. Paolo pone particolare enfasi su questo aspetto in Romani 5:5.

Ogni dono dello Spirito è importante ai fini dell'adorazione e del servizio, ma non esiste dono più importante di quell'amore che Paolo descrive in 1 Corinzi 13 – per questa ragione l'apostolo ne parla in concomitanza con l'insegnamento sui doni dello Spirito Santo. Se le persone non incontrano il Cristo vivente e amorevole nella vita di un credente, allora non ha alcuna importanza se questi possieda o meno il dono della profezia, la capacità di operare miracoli o di pregare in lingue.

Lo Spirito Santo e l'adorazione

Possiamo adorare regolarmente, celebrare con creatività, sacrificare i nostri averi, servire con umiltà e lodare con entusiasmo, ma non ci sarà alcun valore eterno in tutto questo, se non saremo ripieni e motivati dall'amore agape disinteressato di Gesù, che deve definire la nostra adorazione e il nostro servizio.

In questo capitolo meraviglioso Paolo paragona l'amore di Cristo con le manchevolezze della Chiesa di Corinto. L'Apostolo descrive come l'amore di Gesù sia l'opposto di quello dimostrato dai Corinzi:

- ◆ L'orgoglio nelle esperienze spirituali che gonfia – versetto 4
- ◆ L'enfasi posta su doni particolari che provoca orgoglio o gelosia – versetto 4
- ◆ L'esercizio fine a se stesso di doni speciali per il raggiungimento della gratificazione personale, quello che Paolo definisce "cercare il proprio interesse" – versetto 5.

I Corinzi cercavano quello che pensavano essere la via suprema verso l'esperienza spirituale, ma Paolo prepara una via ancora migliore – l'amore di Cristo Gesù, il Servo, che non si vanta mai e che non è mai egoistico nell'espressione dei suoi doni. Tutto quello che Gesù era e faceva era sempre dedicato a Dio, e sempre al servizio degli altri.

Attraverso la serie *La Spada dello Spirito*, abbiamo costantemente visto come l'amore di Gesù, che dona se stesso completamente nell'adorazione e nel servizio sia anche la caratteristica che troviamo per lo Spirito Santo, e come, quindi – come Paolo descrive nei versetti 10-13 – debba essere la stessa caratteristica della Chiesa in cielo.

Quando tutte le profezie saranno adempiute, e tutti i doni terreni portati a compimento, quando la fede diverrà visione e la speranza esperienza, rimarrà solo l'amore *agape*. Nell'"Ultimo Giorno" il corpo eterno, universale di Cristo, sarà finalmente unito nella lode e nell'amore – finalmente avrà

Adorare in spirito e verità

inizio un'eterna adorazione e un servizio in spirito e verità che saranno perfetti.

L'adorazione nelle sfere celesti

Abbiamo appreso come la vera adorazione sia la volontà eterna di Dio per tutti i peccatori. Sin dalla creazione, il Padre ha voluto cercare e portare a sé gli uomini e le donne prigionieri del peccato che, accettando il suo perdono, sarebbero diventati il suo popolo e lo avrebbero adorato in spirito e verità.

Anche ai nostri giorni, Dio riunisce i credenti essenzialmente affinché lo adorino; egli ancora ci persuade con dolcezza che questa è la buona e perfetta volontà di Dio per le nostre vite.

Abbiamo considerato la rivelazione contenuta in Proverbi 8, che sembra descrivere come Dio abbia gioito in e con se stesso nel corso dell'eternità – ancora prima che l'adorazione di Dio riempisse la creazione. Questo sembra suggerire come l'intero scopo della creazione fosse principalmente l'unione del creato con l'adorazione celeste preesistente e, così, godere della presenza di Dio per l'eternità.

Le Scritture includono una serie di ulteriori rivelazioni che sembrano confermare come il paradiso sia caratterizzato da pura adorazione e gioia infinita. Per esempio:

- ◆ Isaia 6:1-3 descrive la gioia degli angeli che riempie ininterrottamente le sfere celesti
- ◆ Ezechiele 40-47 suggerisce come l'adorazione celeste sia il destino del popolo di Dio
- ◆ Luca 2:13-14 rivela la lode immensa delle schiere celesti
- ◆ Luca 15:7 e 10 descrive la gioia che caratterizza le sfere celesti.

Tuttavia, queste rivelazioni sono quasi schiacciate dalla meravigliosa descrizione, inclusa nel libro dell'Apocalisse, che rivela il piano ultimo di Dio. Egli ci sta portando nel luogo dell'adorazione ultima, dove vivremo per sempre insieme, alla

Lo Spirito Santo e l'adorazione

sua presenza perfetta e trascorreremo l'eternità nella gioia, in e con lui. Possiamo affermare che l'adorazione in spirito e verità partecipa nell'adorazione celeste e al tempo stessa l'anticipa.

L'adorazione nell'Apocalisse

L'adorazione celeste è lo scenario e il contesto di tutte le visioni descritte in Apocalisse. È necessario fare attenzione a non prestare troppo interesse alla corretta comprensione delle visioni dell'apostolo Giovanni, al punto di sottovalutare quanto rivelato circa l'importanza e la priorità dell'adorazione celeste.

Apocalisse 4 contiene la prima delle descrizioni di Giovanni relative all'adorazione nelle sfere celesti: il versetto 2 spiega come questo apprezzamento e appagamento nell'adorazione possa avere luogo solo in e attraverso lo Spirito; i versetti 8-11 rivelano come tutto nelle sfere celesti sia stato creato allo scopo di adorare Dio. Gli stessi principi sono espressi in 5:8-14; 7:9-17; 11:15-19 e 15:3-5.

Questi passaggi fondamentali descrivono come l'adorazione celeste includa inni antichi (15:3) e nuovi canti (5:9); sia interamente incentrata sulla persona di Dio (4:8, 11; 5:9, 13; 7:12; 11:17; 15:3 e 16:5) e celebri l'opera presente, passata e futura di Dio (4:11; 5:9-10, 12, 13; 11:17-18 e 15:4).

In particolare, l'Apocalisse di Giovanni rivela come l'adorazione celeste ruoti intorno a due grandi temi collegati alla lode:

- ◆ Il cantico della creazione – Rivelazione 4:11
- ◆ Il cantico della salvezza – Rivelazione 5:9.

I due temi compaiono costantemente nelle Scritture, e rivelano tutto della persona di Dio e del suo carattere, la sua potenza e il suo amore, la sua grazia e la purezza, ecc. Poiché Dio rivela se stesso attraverso le sue opere potenti, noi lo sperimentiamo per quello che egli è quando lo adoriamo, alla sua presenza, come Creatore e Salvatore.

Poiché la creazione rappresenta la sovrabbondanza

Adorare in spirito e verità

dell'adorazione personale di Dio, il suo fondamento è sempre stato l'adorazione di Dio in quanto creatore. La creazione è l'evidenza della potenza di Dio e della sua forza, e la prova della sua unicità e supremazia. Attraverso la *creazione*, il popolo di Dio dell'Antico Testamento ha compreso come il Dio di Abramo fosse l'unico Dio, mentre le altre divinità erano semplicemente idoli privi di potere.

I Giudei erano chiamati ad adorare un solo Dio poiché, attraverso la creazione, avevano compreso che esisteva un solo Dio. Questo influenzava anche il loro modo di vivere e servire. Molti Salmi celebrano il Dio creatore, e la sua opera e la sua creativa divinità – ritrovata nei nuovi cieli e nella nuova terra – costituiscono uno dei temi principali dell'adorazione nelle sfere celesti.

Molti credenti contemporanei non apprezzano a sufficienza la creazione di Dio e trascurano l'adorazione di Dio come creatore. Essi concentrano l'adorazione interamente sull'operato di Dio come salvatore. Tuttavia, l'opera di redenzione di Dio è inscindibile dalla sua creazione (egli ha il diritto di perdonare solo perché si tratta della sua creazione). Non possiamo apprezzare veramente la redenzione di Dio, senza riconoscerne il suo collegamento con la sua creazione. Studiamo questo aspetto nel libro *Conoscere il Padre*.

Nell'Antico Testamento il popolo d'Israele sapeva che Dio era continuamente all'opera per salvare il suo popolo dai nemici, dalle carestie, dalle malattie e via dicendo. Essi sapevano che *Yahweh* era il loro salvatore e che la loro esistenza come nazione dipendeva dalla potente opera di liberazione di Dio. In particolare, la libertà dalla schiavitù in Egitto rappresenta un aspetto fondamentale per la comprensione di Dio. "Il cantico di Mosè" in Esodo 15:1-21, descrive la loro espressione finale di adorazione del Dio Salvatore – si tratta dell'inno che, secondo quanto descritto in Apocalisse, è ancora cantato nelle sfere celesti.

Sappiamo, tuttavia, che per il suo popolo Dio ha compiuto un atto di salvezza ancora più importante del miracolo della

Lo Spirito Santo e l'adorazione

Pasqua. Sulla croce Gesù è diventato il Salvatore del mondo intero, ci ha liberati dalla schiavitù del peccato e ha sconfitto definitivamente il nemico. Questo è diventato il tema di infiniti cantici dedicati alla salvezza e cantati nel corso dei secoli. Questo è anche il tema del nuovo cantico celeste contenuto in Apocalisse 1:5-6 e 5:9-14.

Personale e collettivo

In Apocalisse, la rivelazione più significativa dell'adorazione celeste è la continua presentazione di coloro che adorano nei cieli sia come individui, sia come pienamente integrati in una collettività di persone.

Apocalisse 5:11-13, per esempio, riferisce che le "miriadi di miriadi e migliaia di migliaia" e "ogni creatura che è in cielo, sulla terra, sotto la terra" sono unite in adorazione. Ciascuno di essi conserva la propria personalità, ma tutti, per mezzo dello Spirito, sono stati condotti al culmine dell'unità nell'adorazione.

Lo stesso si legge in Apocalisse 7:9-10, in cui Giovanni descrive il modo in cui "una grande folla che nessuno poteva contare, di tutte le nazioni, tribù, popoli e lingue" si trovasse in piedi davanti a Dio in adorazione. Le differenze individuali, nazionali, tribali e linguistiche, sono ancora evidenti; tuttavia, la folla è unita nella lode e nell'adorazione di Dio. La moltitudine offre lode e adorazione come un atto personale, ma espresso attraverso l'unità collettiva, per opera dello Spirito.

È questo il nostro destino – quello di adorare Dio in eterno, come esseri distinti e pienamente uniti allo stesso tempo. Come il popolo d'Israele, nel periodo del primo tempio, siamo stati attratti da Dio per mezzo della sua grazia. In fede abbiamo iniziato un pellegrinaggio personale che conduce a lui, e abbiamo scoperto che Dio ci edifica insieme ai credenti della nostra comunità.

Insieme a loro, siamo in viaggio verso Dio; stiamo imparando ad adorare e servire insieme, e iniziamo ad apprezzare la nostra interdipendenza nel corpo, con qualche difficoltà temporanea, ma adoperandoci per il mantenimento dell'unità dello Spirito.

Adorare in spirito e verità

L'adorazione eterna, nelle sfere celesti, alla presenza del Padre è il nostro scopo ultimo. È sempre stato il desiderio più grande di Dio che anche noi possiamo gioire in lui allo stesso modo, e con la stessa intensità – così come leggiamo in Proverbi 8, con cui la trinità gioisce in se stessa.

Quel Dio che è personale e collettivo, uno e trino, ci attira esattamente verso quella stessa gioia eterna, personale e collettiva. Nella sua immensa grazia e misericordia, il Padre è ancora in cerca di quei peccatori, uomini e donne, che sono disposti ad adoralo in spirito e verità, gli stessi che gioiranno della sua presenza in eterno.

www.ingramcontent.com/pod-product-compliance
Lightning Source LLC
Chambersburg PA
CBHW031114080526
44587CB00011B/968